U0466466

心理育儿书系006
父母与孩子的心灵通路

一看就会的育儿图解
幼儿篇

帮孩子摆脱发育障碍的21项教养秘诀

（日）杉山登志郎　辻井正次　**主编**

王丽洁　译

科学普及出版社
·北　京·

图书在版编目（CIP）数据

一看就会的育儿图解：幼儿篇：帮孩子摆脱发育障碍的21项教养秘诀 /（日）杉山登志郎,（日）辻井正次主编；王丽洁译. —北京：科学普及出版社，2014.9
ISBN 978-7-110-08665-0

Ⅰ. ①一… Ⅱ. ①杉… ②辻… ③王… Ⅲ. ①儿童教育－家庭教育－图解 Ⅳ. ①G78-64

中国版本图书馆CIP数据核字（2014）第134391号

HATTATSUSHOUGAI no aru KODOMO ga DEKIRUKOTO wo NOBASU! YOUJIHEN
ⓒ TOSHIHIRO SUGIYAMA / MASATSUGU TSUJII 2011
Original Japanese edition published in 2011 by Nitto Shoin Honsha Co., Ltd.
Simplified Chinese edition copyright: ⓒ2014 Popular Science Press.
Simplified Chinese Character rights arranged with Nitto Shoin Honsha Co., Ltd.
Through Beijing GW Culture Communications Co., Ltd.
版权所有 侵权必究
著作权合同登记号：01-2012-4243

出 版 人	苏　青
策划编辑	任　洪
责任编辑	侯满茹
封面设计	欢唱图文制作室　吴风泽
排版设计	青青虫工作室
责任校对	孟华英
责任印制	张建农

出版发行	科学普及出版社
地　　址	北京市海淀区中关村南大街16号
邮　　编	100081
发行电话	010-62173865
传　　真	010-62179148
投稿电话	010-62103315
网　　址	http://www.cspbooks.com.cn

开　　本	787mm×1092mm　1/16
字　　数	122千字
印　　张	6.5
版　　次	2014年9月第1版
印　　次	2014年9月第1次印刷
印　　刷	北京长宁印刷有限公司

书　　号	ISBN 978-7-110-08665-0/G・3667
定　　价	29.00元

（凡购买本社图书，如有缺页、倒页、脱页者，本社发行部负责调换）

目 录

第 1 章 如何理解发育障碍
孩子的另类小脾气可以放任不管吗

- 什么是发育障碍 …… 2
- 了解发育障碍的特性 …… 4
- 早期成长环境至关重要 …… 6
- 我家孩子属于哪种类型 …… 8

第 2 章 现在该做些什么
为了孩子将来能快乐地生活

- 不当育儿方法的危害 …… 16
- 育儿是一项长期的工作 …… 22
- 亲属的心理健康也很重要 …… 26
- 家长应接受相关培训 …… 28
- 用夸奖帮助孩子成长 …… 30
- 来自兄弟姐妹的理解 …… 32
- 多方咨询获得有效支援 …… 34

第 3 章 幼儿期应掌握的本领

另类宝宝的21项教养秘诀

- 家长与孩子共同努力的大前提……38
- 日常生活自理　生活节奏……42
- 日常生活自理　进餐……44
- 日常生活自理　排便……46
- 日常生活自理　穿衣、洗脸、洗澡……48
- 日常生活自理　收拾整理……50
- 培养社会能力　信赖关系的建立……52
- 培养社会能力　为难时求助的技能……54
- 培养社会能力　融入集体生活……56
- 培养身体感觉　学会放松……58
- 培养身体感觉　运动身体……60
- 培养身体感觉　灵活用手……62
- 培养身体感觉　保持姿势……64
- 应对困窘行为　调整偏执行为……66
- 应对困窘行为　感觉过敏的对策……68
- 应对困窘行为　惊恐、兴奋的对策……70
- 应对困窘行为　注意力不集中的对策……72
- 游戏拓展与学习基础建立　理解游戏规则……74
- 游戏拓展与学习基础建立　对声音的捕捉……76
- 游戏拓展与学习基础建立　数与量……78
- 游戏拓展与学习基础建立　绘画与手工……80
- 入学前准备　迎接小学生活……82

本书出场人物

A宝宝的妈妈

A宝宝的爸爸

A宝宝的弟弟

A宝宝
敏感、多动型
▶ 对声音、光亮等各种刺激源都敏感，还偏食，常常心神不定、不踏实。

B宝宝
生理节奏失衡型
▶ 生理节奏易紊乱，原本会做的事情突然变得不会做。情绪波动较大。

C宝宝
慢悠悠、笨手笨脚型
▶ 总是发呆，看起来对什么都没反应，动作不灵活。整体发育较缓慢。

D宝宝
无法应对变化型
▶ 环境习惯的话，就可以做很多事情。但不知道如何适应变化，不善于应对新事物。

A 敏感、多动型的 A 宝宝

对声音、光亮等各种外部刺激感到痛苦。味觉过敏，偏食严重。总是心神不定、不踏实。

A宝宝喜欢在户外玩耍

1. 我想去外边。
   A宝宝，现在是画画时间。

游戏的时间

2. （播放音乐）

3. 哎呀！
   问题点：孩子听觉过于敏感的话，对各种声音刺激都会感到痛苦。

啊，A宝宝又要往外跑

4. 唉！
   问题点：往外跑并不是任性的表现，可能是宝宝为了逃避某种刺激。

用餐的时间

5. 嗯？
   讨厌蔬菜！

6. 没吃完不许出去！
   不能摄取足够营养，很让人担心。

周围的大人往往意识不到宝宝的敏感问题。感觉过敏是先天的体质问题,不是任性,当然也不是宝宝主观想不想那样的问题。让我们一边照顾宝宝,不要使感觉过敏情况恶化,一边逐一处理难题吧。

7

"嗖"一下扔出去。

着火了

问题点
惊恐的时候,对周围的事物变得浑然不知。

8

没关系,先去老师的房间静一静。

事先准备好可以使宝宝冷静下来的地方。

9 接孩子的时间

今天回家让宝宝吃点儿胡萝卜,怎么样?

10

好的。我在家把胡萝卜切碎后再混到其他菜里让宝宝吃。

幼儿园、保育院与家庭建立合作关系。

第二天

11

切得很碎哟,不知道你喜不喜欢吃。

千方百计在烹饪与就餐方面下功夫。

12

接下来,会有这样的声音。

音量放小一些吧.

关注宝宝的感觉过敏,让宝宝过得轻松些。

B 生理节奏失衡型的 B 宝宝

睡眠好与不好，状态差异很大，原本会做的事情突然变得不会。情绪容易波动。

1. B宝宝喜爱玩沙子

2. 兴奋过了头，很难安定下来

玩耍的时间结束了。

3. 刚才还会，现在却……

噜一下跳下来，试试看。

刚才你不是跳得挺好吗？

不敢跳！

问题点：有时会做，有时不会做，情况不稳定。

4. 在家玩耍时，很难适时结束

不好嘛，再玩一次吧。

不行。妈妈该做饭了。

问题点：有发育障碍的宝宝，通常难以接受事情的转换。

5. 哎呀，妈妈正忙着。

6. 用餐的时间

妈妈专为宝宝做的，快吃呀。

好困……

问题点：宝宝感到困或饿的时候，很难顺从大人的意愿做事。

与感觉过敏一样,作为天生的体质特征,人体生理节奏(睡眠规律等)以及生理感知(冷暖等感觉)同样存在着个体差异。但人们很多时候都忽略这一问题。建立适合孩子自身节奏的生活规律,会使生活变得轻松起来。

7

抚育孩子为什么这么难呀?

8 进行育儿咨询

心神不宁,左顾右盼……

听取专家建议,寻求帮助。这至关重要。

9

配合宝宝的生理节奏试试看,也可以试着做观察笔记。

有些宝宝的生理节奏天生就容易发生紊乱。

10 定好就餐的时间

咱们玩接龙游戏吧。

今天比往常早点吃饭。

去玩~

11

勺子,这样用。

嗯。

在宝宝情绪好的时候纠正问题。

定好睡觉与起床的时间

12

呼……

虽然有体质上的特质,但通过培养习惯,可以在一定程度上建立起生活规律。

C 慢悠悠、笨手笨脚型的 C 宝宝

经常发呆，遇事几乎没有什么反应，常被认为懒洋洋、没干劲。动作笨，发育慢。

1 看，不抓紧的话上幼儿园就迟到了

"C宝宝干什么事都慢悠悠的。"

2 在幼儿园，经常一个人玩

问题点：让宝宝融入到集体中是首先要解决的问题。

3 "和大家一起玩。"

4 有时不遵守规则

"C宝宝，你该下来了。"

问题点：不给予指导的话，根本不知道做事规则。

5 绘画的时间

"老师，C宝宝没画呀。"

问题点：手不灵巧，用不好工具或不知道方法等，这些原因造成宝宝不想动手。

6 "C宝宝，怎么了？"

问题点：有了困难也不求助，常情绪低落。

爱发愣的宝宝很温顺，即使遇到了为难事，也不主动求助。因为没有引起特别的麻烦，周边的大人对宝宝的这种情况往往放任不管。但长期被忽视的话，宝宝无法掌握应对问题的适当方法。

7 接孩子的时间

"看起来不太想玩，也没画画。"

8

"不爱说话，是不是语言发育晚呢？"
"我家的宝宝没事吧？"
不知如何是好。

9

"没关系的。我们一起下功夫。"
"有困难，找老师。"

按顺序玩　帮帮我

提供让宝宝明白的有效指导很重要。

10

"不能绘画的原因，好像是由于用不好蜡笔。"
"在家里，请让宝宝试着练习手指灵活度。"

11 让宝宝一起叠衣服，多用手指

"谢谢宝宝。"
摆放在一起。

和大人一起干活，让宝宝体验被表扬的喜悦。

12 让宝宝一起收拾，锻炼动手能力

衬衫　短裤　袜子　手绢　裙子　毛巾

在日常生活中，有很多可以锻炼宝宝的地方。

D 无法应对变化型的 D 宝宝

在自己家完全没有问题，但是遇到环境变化时就会胡闹、乱发脾气。不知道如何适应变化。

1. D宝宝最怕去生地儿，还怕参加各种活动

讨厌！

问题点：对新事物感到不安，不想参与。

2. 有时被突然改变计划激怒

下雨了，没办法，对吗？

不是早就说好了到外边玩的吗？！

问题点：个人喜好偏执，无法接受突然的改变。

3. 接孩子的时间

宝宝不喜欢做自己不熟悉的事。

去咨询看看吧。

4.

在家里，宝宝完全没问题。是老师的方法有问题吗？

怒气冲冲

问题点：父母将担心的事讲出来，共同想办法解决，指责是谁的过错没有意义。

5.

听了这些事，发现宝宝具有个人喜好偏执的性格。

6. 确实是这样

运动会时她的表现也一样。

讨厌！

只有出现变化时才会胡闹发脾气的宝宝，因为平时在家里并没有出现特殊问题，所以很多大人没有意识到有为宝宝提供帮助的必要。但是，当升入小学，环境发生巨大变化时，宝宝会极度不适应。故应及早关注。

7 几天后

讨厌郊游。

幼儿园要组织郊游？

8 好！那么，我们预先练习一下。

9 星期天，爸爸妈妈带宝宝去动物园

与大人在一起，边观赏，边熟悉环境。

10 玩得好高兴。

熟悉了，就不用怕了，对吧？

11 郊游日

今天D宝宝看起来好像没什么问题。

无忧无虑

哇 噢！

12 将计划清楚明了地展示出来

连环画

中午饭

户外玩耍 绘画

耐心应对，想办法很重要。

不守时的
小猴子……

听故事吧，就5分钟。

嗯！

第 1 章

孩子的另类小脾气可以放任不管吗
如何理解发育障碍

首先,我们从发育障碍的基础知识开始讲起。

如果您的宝宝身处困境,那么,我们希望您不要从"我的宝宝有发育障碍"这个视点出发,而是本着"怎样做才可以改善"的宗旨来解决问题。

什么是发育障碍

● 你的孩子有这样的问题吗

也许，现实生活中，家长们往往存在着诸如"到目前为止我的孩子情况还不错""将我的孩子归类于发育障碍不太合适""我自己小时候也这样"的想法。但是，我们大家应该意识到的是，"发育障碍"的概念现在已发生了极大的变化。无论是否属于发育障碍，一旦孩子表现出行为困窘或不擅长的特性，应根据孩子的需要为其提供帮助。这样做一定会有益于孩子的身心成长，以及孩子将来更好地融入社会生活。

那么，哪些问题属于发育障碍呢？从发育障碍的定义来讲，广泛性发育障碍是一组发病在童年早期的心理发育障碍性疾病，指的是孤独症（自闭症）、阿斯伯格综合征、非特异性广泛性发育障碍、学习障碍、注意力不集中/多动症以及其他与此类似的大脑功能障碍所呈现的发育问题。一般情况下不包含智能障碍，但智能障碍性孤独症仍归类于此。

有调查表明，日本有6%左右的学龄儿童，或者说一

个班会有1~2人存在发育障碍，诸如学习障碍、注意力不集中/多动症或孤独症等。总的来说，发育障碍儿童的数量，正呈现骤增的趋势。

目前，对于"障碍"的理解发生了变化。以往，主要将表面上就能看得出的异常，如视觉或听觉障碍、大脑智能障碍等定义为障碍。那些几乎没有智能障碍或是仅有轻微智能障碍的孩子，我们很难从表象上判断他们是否存在障碍。而且，这类孩子与正常发育的大多数孩子没有明显的区别。因此，以什么标准来定义"障碍"，迄今依然处于探讨的阶段。

● **及早帮助会让孩子终身受益**

虽说如此，但是对于需要特别关爱与照顾的人群，根据他们各自的需求，必须实施相应支援与帮助。所以，让我们大家首先将此点牢记在心吧。

另外，也希望大家记住，环境的改善与适宜的处置可以使发育障碍发生改变。在发育期内，虽然有些孩子出现了明显的问题，但如果处理及时与得当的话，"障碍"可以变得不太明显，也不会造成什么困难，从而使有发育障碍的孩子有可能融入到社会生活之中。

常见 ? 问题点

孩子有点不对劲，就诊断为发育障碍吗

以提供帮助为目的而制定的判断标准与医生的医学诊断标准之间，存在着一定的差异。因此，我们并不能认为，没有医学上的诊断，孩子就无须接受帮助。

判断与诊断，为的是让孩子接受社会帮助，从而更容易融入生活。如果孩子有点不对劲，有些与众不同，我们不应该通过贴标签来诊断孩子有无发育障碍。

认可"不必消除障碍"的思考方式至关重要。虽然发育障碍本身会在注意力集中、社会活动以及学习能力等方面带来不利因素，但这些不利因素就像体质那样，可以认为是个人的特性所致。我们可以将孩子的注意力难以持续的特性，转换为下一个工作着手早的优势；可以将不达目的誓不罢休以及兴趣狭隘的特性，转换为对一件事情持之以恒的优势；可以将不擅长或很难做好事情的特性，通过给以帮助，加以改善。无论有没有发育障碍，依据每一个孩子的不同特性，为其提供相应的帮助，对孩子的成长来说，非常重要。

第1章 孩子的另类小脾气可以放任不管吗
如何理解发育障碍　3

了解发育障碍的特性

● 另类宝宝的大脑天生有差异

近年来，有关儿童发育障碍的研究正在以日新月异的势头不断深入。其中，发现有发育障碍孩子的大脑天生与众不同的事实，是最具代表性的成果之一。

通过脑图像研究发现，孤独症（自闭症）人群与普通人群在5-羟色胺、去甲肾上腺素以及乙酰胆碱等神经递质相关的脑神经之间，存在明显的差异。另外还发现，两者大脑功能的活性方式也不同。

过去，人们曾将儿童孤独症归因于母子关系、生活养育方式等方面的问题。但是，当人们了解到大脑功能的差异之后，随即意识到以前的认知是错误的。现在，儿童孤独症是多因素疾病的学说已成定论。

有发育障碍的孩子，其大脑功能虽有差异，但并不意味着就一定"不能"。从信息处理方式不同可以断定记忆方式也不同，因此现在有一种推测，有发育障碍者也许是通过使神经辅路活性化，从而进行信息处理，并发挥其大脑功能的。也就是说，有发育障碍的孩子虽然用通常的方法行不通，但找到适合自身的方法之后，就可以由"不能"转变为"能"。

● "障碍"与"正常"之间没有明确界限

如前所述，与生俱来的大脑基础结构存在着个人差异。因此，即使发育障碍的诊断是相同的，每个人表现出来的状况也会有所不同。如果孩子具有感觉敏感但行动笨拙的双重特点，问题会变得更为严重，即使并不是特别够得上发育障碍的诊断标准。

因此，我们可以将发育障碍与一般人之间，想象为色调渐变的色谱，即谱系式分布方式。近年来，广泛性发育障碍已经被归类于以孤独症为核心的具有连续性特征的孤独症谱系障碍中。正常发育与发育障碍之间的界限并不清晰。从障碍表现较为强烈，到在社会生活中几乎没有困难，发育障碍的分布具有连续性特征。

我们将发育障碍比作酒来理解的话，可能会容易一些。发育障碍，有轻重之分，宛如酒有度数较高的烈性威士忌与度数较低的柔和葡萄酒那样。而且不仅酒精浓度本身存在差异，酒喝到体内的稀释程度及表现情况也会因人而异。

◀ **以怎样的视角看待发育障碍** ▶

有发育障碍者大脑信息处理方式天生有差异

慢悠悠地

飞快地

如果将发育障碍比作酒，其轻重程度是连续变化的

度数的差异

50%　25%　1%

稀释情况的差异

第 1 章　孩子的另类小脾气可以放任不管吗
如何理解发育障碍

早期成长环境至关重要

● **在生活细节中发现孩子的天性**

上一节我们论述了，发育障碍者的大脑基础结构不仅天生与众不同，还存在较大的个体差异。另外，环境与经历的不同，也会造成个人差异的加大。孩子早期阶段是否接受了适宜的帮助，或是否受过"虐待"，会直接影响到发育障碍状态的好转或恶化。

有发育障碍的孩子原本拥有的天生特性，应该说，是在成长环境中以症状以及行为方式一点点表现出来的。因此，我们应该一边理解当今研究对大脑基础结构的解析，一边思考环境给孩子所带来的有利或不利影响。后天环境的影响也是至关重要的。

常见 ? 问题点

到什么程度才算有障碍

发育正常与发育障碍是毗连的，从哪里开始算发育障碍，从哪里开始算发育正常，界限并不明确。现实中，有些人虽然具有发育障碍的特征，但是在社会生活中却几乎没有碰到什么困难，而有些人则满怀痛苦，生活得很艰辛。当一个人出现社会生活不适应的症状时，往往被认定为有障碍。

● "进步慢"并不意味着"不能"

本书中所讲的个体差异，指的不是孩子针对某件事能做到与不能做到这种差异，而是指在学习某种东西或是在掌握某项技能的过程中，可以自然快速地跟上步伐与努力找到适合自身学习方式后才不掉队这类行为方式上的差异。如果将这样的差别视为"障碍"的话，那么，这种障碍绝不意味着"不能"。因为孩子学习的过程虽然不同，但最后都可以到达相同的终点。

所有的孩子，都有各自的强项与弱项，但每个孩子都是无法替代的无价之宝。在"理所应当与别的孩子一样"的思想前提下，家长仅会专注于孩子的"不能"。但是，如果在"每个孩子都有弱项，较弱的地方可以给予帮助或指导"的思想前提下，家长就可以专注于孩子"怎么办才能做到"，也就可以认识到，给予孩子一些建议与说明，有效地给孩子传授方法是家长应当做的。

有发育障碍的孩子有的从外观上很难辨别，所以常常遭到"为什么别的孩子会，就你不会呢"这类训斥。对有社会性发育障碍的孩子说"一定要和大家做得一样"，就如同对失明的人说"你看……"一样不可理喻。但这并不是说孩子与大家步调不一致就可以放任不管。孩子在掌握正确的行为方式之前，家长应该在传授方法上找窍门，开动脑筋。耐心细致地传授方法，对正常发育的孩子来说，也是十分必要的。

常见 ❓ 问题点

接受治疗的话，可以痊愈吗

发育障碍的特性与天生的体质一样，会伴随终身。为了控制严重的问题行为，作为权宜之计，必要的时候也要用药，但不能从根本上去除发育障碍的这些特性。有发育障碍的孩子通过掌握调整行为方式、改善环境的本领，可以做到适应社会，生活得丰富多彩。

我家孩子属于哪种类型

● 无论诊断如何，现实中的帮助至关重要

帮助孩子施展自身的天赋，首先从认知孩子的特点做起。其次应该理解，孩子的发育障碍，绝不是家庭管教或者保育所与幼儿园教育问题造就的。

有发育障碍的孩子，源于大脑基本结构差异导致的特点，会使其在以后的日常活动中面临一些难题。医学上将难以解读他人意图、难以分清场合、难以自然地明白自身处境且易引起困窘的障碍，诊断为"孤独症"；将注意力分散、自我控制力差、易招惹麻烦的障碍诊断为"注意力不集中/多动症"；将没有智力问题，却在读、写、计算等学习方面困难重重的障碍，诊断为"学习障碍"。表1.1是发育障碍的主要表现。

在发育障碍理解方面，确立医学诊断有助于孩子身边的人达成共识。当然，孩子在接受福利制度等方面的支援时，医学上的诊断也是必不可少的环节。不过，不可忽视孩子在幼儿期发育障碍表现尚未达到做出医学诊断的程度，或是在发育过程中障碍表现发生变化的情况。养育和帮助孩子，从孩子出生的那一刻就开始了，

表1.1 儿童发育障碍的主要表现

医学诊断名称	主要表现
精神发育迟滞	语言等智力发育明显落后
孤独症	社交、交流、想象力等方面存在困难
注意力不集中/多动症	注意力不集中、多动或冲动，或两者兼有
学习障碍	读、写、计算的任何一项或多项存在困难
特定性语言发育障碍	理解别人的语言，或自己的语言表达存在困难
特定性运动功能发育障碍	手指等部位的精细活动极度笨拙

◀ 发育障碍孩子的性格及行为特点 ▶

兴趣点、关注点偏颇

交流困难
- 不擅长语言表达
- 很难同时处理多个信息

选一个拿过来

感觉迟钝或敏感

微笑　吱吱

细节记忆极好
- 有着照片一般的记忆

兴奋忐忑

多动、心神不宁

动作缺乏协调性

第1章　孩子的另类小脾气可以放任不管吗
如何理解发育障碍

因此，即使没有医学诊断，也并不代表什么都不用做。无论是否有医学诊断，在现实中，给予孩子实际的帮助极为重要，让我们将这一点牢记在心。

常见❓问题点

诊断的目的是为了提供更恰当的帮助

发育障碍的表现具有连续性的特质，所以难以清楚地分辨障碍与正常之间的界限。另外，在孩子的发育过程中，发育障碍的症状也会发生变化，因此，现实中存在误诊或在孩子成长的过程中诊断发生变化的情况。诊断的目的是为给孩子提供正确的帮助，让孩子今后可以更容易地融入生活，所以不要拘泥于医学诊断，而要思考如何给孩子提供切实有效的帮助。

● 发育障碍的表现始于婴儿期

在婴儿期以发育障碍就诊的情况并不多见，但这个时期仅采取观望态度的话，孩子并不会自然得到正常的发育。父母采取观望态度会给孩子将来的发育带来"令人担心的情况"。事实上，运动功能细微迟缓，无法掌握抓握物体的方法，对外界刺激反应迟钝，甚至生理性感知（对冷暖与空腹的感觉）不敏感等发育障碍，早在婴儿期就已存在了。

孩子出现上述失衡，在婴儿期没有被发现，或是家长对此放任不管、袖手观望的情况非常常见。而孩子源自发育障碍特质的不擅长或失衡的状况，不会自然有所改观。如果家长什么都不做，孩子的身心发育一直处于未完成状态的话，随着孩子的成长，这些不擅长或失衡的状况便会复杂化，从而演变成更大的问题。

● 不同的孩子不同的育儿对策

孩子从婴儿期开始，诸如上述那样的"让人担心的情况"就时有出现。即使家长隐隐约约地感觉到了育儿的不顺利，由于家长对"发育障碍"持有偏见，所以，家长拒绝接受医学诊断或进行咨询的情况并不少见。持否认的态度看待孩子的"另类个性"及发育障碍，不但会失去解决问题的最佳时机，而且还会增加"虐待式家教"的风险。

如前所述，孤独症谱系障碍涵盖了重度孤独症者到普通人，具有连续性。因为发育障碍与正常发育没有明确界限，所以，即使孩子被确诊为"发育障碍"，也并不意味着孩子是异类。"某某障碍，会有什么症状""因为有障碍，所以才不会"，强调这些，解决不了任何问题。

在实际的育儿过程中发现，有的孩子不需要具体指导便可以独立、迅速地完成任务，但有的孩子则需要由周边的人逐一

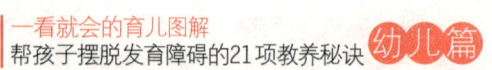

教授才可以做到。

既然这样，"我家孩子属于逐一指导型的"，有些家长一定会意识到这点。我们在这里重点讲的是育儿对策的差异。"属于这种类型，就用这种方法教孩子即可"，本着积极的态度，为孩子创造容易解决问题的有利环境才是关键所在。

● 5~6岁是大脑重塑的关键期

幼儿的大脑受到损伤后，其功能具有易代偿的特质。也就是说，5~6岁，孩子大脑开始神经通路的修剪工作，经常使用的神经路径将会固定下来，而不使用的则会消失。10岁以后，新的神经通路的构建变得困难起来。与成人相比，孩子的大脑具有比较容易修复损伤的能力，但过了青春期，则与成人相差无几。

这说明，即使孩子大脑天生带有一些问题，但只要通过代偿构建一个神经旁路的话，孩子照样可以正常生活。因此，促使神经旁路建立的介入越早，效果就越好。幼儿期，孩子大脑在良好的影响下奠定基础，这时候，家长逐一耐心地予以教授的话，孩子的能力会十分迅速地得到拓展。

◀ 确认孩子的类型是为了采取适宜的育儿对策 ▶

自然成长型
● 就餐与睡眠稳定、有规律，容易养育

令家长担忧型
● 经常哭闹，不擅表达
● 在人前黏家长，甚至离不开家长

令家长筋疲力尽型
● 就餐与睡眠不安定、没规律
● 经常号啕大哭，难哄好
● 一会儿都不能安静

● **孩子令人困窘的行为背后有缘由**

理解了孩子的特性，接下来，我们要建立一个理解孩子行为的机制。

在指导有发育障碍孩子的时候，周边的大人一般倾向于将自己的关注集中在孩子令人窘困的行为上。这样一来，最终将演变成"斥责孩子困窘行为"这样的结局。但是，如果站在孩子视角来看，我们就会发现，孩子那些令人困窘的行为背后，有其自身的理由。

例如，由于身体调节功能较弱的缘故，无法长时间地保持坐姿；由于实在无法忍受嘈杂不堪的声音，躲在狭窄的空间里才会觉得安心。如果我们不指导孩子的话，他们根本无法知晓应该如何应对自身的不适。发生这些令人困窘的行为，特别是当孩子处于惊恐状态时，无论大人说什么，孩子都无法理解。所以，这时最佳方法是尽量减少对孩子的刺激，让孩子的心情平静下来。无论是孩子自身原因也好，还是错误学习导致的行为也好，从周围人立场来看，这些行为都令人尴尬。但是，如果我们不告诉孩子针对尴尬局面如何采取正确行为，只是训斥的话，孩子的这些困窘行为永远不会得到改善。

"与小朋友意见不一而怒火中烧，在反驳朋友之前，意识到情绪激动时深呼吸一下就没事了""困惑的时候，喊'妈妈'就好了"……孩子只是不知道这些方法而已。记住了，以后就不会再出现类似的问题。毋庸置疑，与"你要好好做"这样的训斥相比，上面提到的指导更容易见效。

"杜绝孩子有问题的行为"这种想法并不可取，而"不断增加孩子可以顺利完成的事情、拓展孩子的能力"，这种小步积极进取的策略尤为关键。这样的话，孩子自身就不会有"被迫做"的感觉，而是可以感知到解决问题"很有趣，很高兴，很有成就感"。无论周围的大人怎么规劝，"反正我也做不好了"，若孩子这么想，将无法解决问题。能够激发孩子产生"试试看"的想法，与孩子建立良好的关系，以此作为家长参与帮助的大前提，非常重要。

常见 ? 问题点

我家孩子"正常"吗

有些家长会说，孩子在家的时候很正常（无须特别帮助），这里"正常"究竟指的是什么状态呢？对于这个问题，能够回答上来的人并不多。婴儿期，孩子的行为较容易控制。在幼儿园也不要求孩子有多高的集体生活能力。但是小学却不同，它意味着正式的集体生活开始了。孩子必须遵守集体生活的规则，与幼儿期相比，对孩子自身能力的要求骤然提高。如果发现孩子有焦虑不安，家长要尝试进行咨询。

◀ 孩子令人困窘行为的背后有原因 ▶

- 为了适应自身的需求而采取的行为
- 因为出现惊恐发作，为了避免惊恐而采取的行为
- 因错误学习而导致的行为
- 因无法正常获得想要的东西而采取的行为

所有孩子都应掌握的技能

首先掌握初步技能
日常生活自理 ▶ P.42~51
遇到困难时求助 ▶ P.54
放松的方法 ▶ P.58
运动身体 ▶ P.60
个人喜好偏执的调整 ▶ P.66
感觉过敏的应对措施 ▶ P.68

下一步掌握的技能
灵活用手 ▶ P.62
保持姿势 ▶ P.64
数与量的概念 ▶ P.78
绘画和手工 ▶ P.80

同时要努力做到的事情
建立信赖关系 ▶ P.52
融入集体 ▶ P.56
明白游戏的规则 ▶ P.74
捕捉声音（语言的获取）▶ P.76

这些事情，对这类孩子尤为重要

敏感、多动型
收拾整理 ▶ P.50
融入集体 ▶ P.56
放松的方法 ▶ P.58
保持姿势 ▶ P.64
感觉过敏的应对措施 ▶ P.68
惊恐、兴奋的应对措施 ▶ P.70
注意力不集中的应对措施 ▶ P.72

生理节奏失衡型
生活节奏 ▶ P.42
放松的方法 ▶ P.58
惊恐、兴奋的应对措施 ▶ P.70

慢悠悠、笨手笨脚型
收拾整理 ▶ P.50
遇到困难时求助 ▶ P.54
融入集体 ▶ P.56
运动身体 ▶ P.60
灵活用手 ▶ P.62
捕捉声音 ▶ P.76
绘画和手工 ▶ P.80

无法应对变化型
遇到困难时求助 ▶ P.54
放松的方法 ▶ P.58
个人喜好偏执的调整 ▶ P.66
惊恐、兴奋的应对措施 ▶ P.70

注：在现实中，很难明确划分特定类型，孩子往往同时具有多重特性。

第 2 章

为了孩子将来能快乐地生活
现在该做些什么

本章主要讲述的是，在孩子成长过程中助孩子一臂之力的基本方法。为了孩子将来可以在社会上快乐地生活，让我们想想现在应该做些什么吧！

不当育儿方法的危害

● 做不到就斥责不适合有发育障碍的孩子

当孩子具备与年龄相符的能力时，往往认为理所应当，不会得到鼓励和表扬，相反，当孩子的能力达不到父母的要求时，就要受到斥责，这是现在非常常见的育儿方式。有的孩子可以自然领会大人的要求，但有发育障碍的孩子却往往难以理解话题的背景，不知如何是好。如果我们只是一味地指责，孩子除了承受数落外，不会有任何收获。

这种育儿方式不适合那些在社会生活中有困难的孩子。如果不改变育儿方式，越是一如既往地专注育儿，越会适得其反，只会陷入对孩子的数落中。同时，孩子会受到伤害，在心中加深"自己不好，自己不行"的烙印。

孩子的这种不知原因就被训斥的经历，会导致其出现精神错乱状态，从而增加孩子适应周围环境的难度。

当被告诉不可以做某事时，即使孩子注意了自己的言行，但如果不知道怎么做才是对的，孩子的行为依然无法朝着好的方向发展。如前一章多次论述的那样，如果教育方式不适合孩子，只会增加孩子受伤害的经历。

● 现代社会重视沟通能力

读懂与感知所在场合氛围的能力在现代文化环境中越来越受重视。这种不成文的默认规则，对于众多欠缺社交能力或有发育障碍的人来说，无疑是难以适应的。

现在服务业越来越繁荣，与他人的沟通能力也因此变得倍加重要。所以，在职场因无法与别人进行顺畅的交流，被冠以"低能"的情况不在少数。现实中，我们应该谨记发育障碍受文化与社会价值观影响。也就是说，在一种文化下，不被视为问题的状况在另一种文化中却被问题化。在当前这个重视交流的社会，对有某种特质的人来说，也许是"难以生存"的。

但是，即使是不善沟通的人，也可以认真做好自己的工作：埋头苦干，持之以恒，或工作技艺比别人更胜一筹。

发现并施展自身的长处，对日后过上幸福生活极为重要。为此，从孩童时期开始，就应将"不断拓展能力"作为帮助孩子成长的长期视点。

◆ 这种教育方式不适合有发育障碍的孩子 ◆

做那样的事，不好！

"那样的事"是指什么事？

适合普通孩子

不适合发育障碍孩子

自我评价降低

明白了。

又被训了。

我不是好孩子？

不要立刻训斥，而是先说"住手"，这样效果要好。

> 能够理解上下句意思的孩子，通过接受训斥可以得到改进。但是对那些很难理解意图，有发育障碍的孩子来说，训斥除了伤害之外，并无他用，因为他们并不能搞明白被训斥的真正原因是什么。与其训斥，不如告诉孩子如何做才是对的。

● 发育障碍带来的继发心理障碍

孩子的发育障碍问题没被认知而招致他人的恼怒，由此不断受训斥与受挫。这样的经历不断重复，在青春期过渡到成人期的过程中，会造成心理抑郁等继发心理疾患，甚至出现拒绝上学、闭门不出等情况。

在日本，对550名发育障碍者进行的精神医学问题调查结果表明，约17%的人有抑郁症状。随着年龄的增长，该数据呈上升趋势，在成年人群中，比例过半。

继发心理障碍越积越多，难以应对时，通过药物疗法减轻精神症状很重要。发育障碍的初始阶段，极少量用药会比较有效，并且安全。

继发心理障碍随着受挫与受伤经历的累积，多会演变成心身创伤。借助心理疗法处理心身创伤至关重要。但是，心身创伤会在心中留下极深的烙印，即使进行了

常见 ? 问题点

理所应当就会做吗

成年后我们往往认为，自己自然可以做到的事情，别人也应如此。孩子在发育的过程中，渐渐学会了走路、吃饭、说话、去洗手间，但这些被认为是理所应当会做的事情，实际上是孩子逐一学习后才掌握的本领。对于发育较慢的孩子，我们应该耐心地为他们提供一些有效的建议。

治疗，也不容易恢复。因此，可以说尽量减少孩子受挫与受伤的经历，不让孩子形成心身创伤才是根本所在。

● 育儿困难会演变为虐待

前面，我们指出了"训斥"的育儿方式不适合有发育障碍的孩子。事实上，越是以此种方式专注于孩子教育，越容易演变成"虐待式教育"。原本由发育障碍引发的育儿困难，会导致虐待的发生。虐待严重时，甚至会使孩子形成其他障碍。近年，不断进步的脑科学研究证实，反复经受极端暴力、恶语、放弃（忽视）等虐待，可能致使孩子出现脑发育损伤。有数据表明，受过虐待的孩子大部分都呈现出发育障碍的表现。

是否属于虐待，这个问题难以界定。但是，我们并不能认为"我不想虐待孩子，只是给予教育"，所以就认为育

儿方法没问题。在原本就比较弱的孩子身上施加严厉训斥，实际上就或多或少地构成了对他们的伤害。这一点，我们不应忽视。

我们应该认识到，除了大脑自身结构的天生差异因素外，受到虐待这样的后天经历也是孩子出现发育障碍的一大要因。

要铭记在心的是，家长的育儿方式，将决定孩子的未来。

● 放任不管是最该摒弃的育儿方式

"看看再说吧，慢慢就会了"，这种凭借一厢情愿的臆想采取的放任不管的育儿方式，是最应摒弃的育儿方式。孩子如果有"不能顺其自然就明白""很难做好"的特性，对此，大人只观望的话，孩子不仅不可能掌握应具备的本领，而且错误方法的累积还会导致孩子出现自我人格的扭曲。

随着年龄的增长，孩子会逐渐意识到"为什么只有

常见 ? 问题点

放任不管，慢慢就能学会吗

正常发育的孩子，不用多说就可以明白当时的要求，也可以自然而然地学会。而有发育障碍的孩子，因为有理解困难这个认知特性，如果得不到有效的指导，就什么也学不会。在这方面，家长若有担心的话，请不要对孩子的情况放任不理，首先应该从接受心理咨询开始。

我总受挫""为什么只有我被人烦，总交不到朋友"这样的问题。这种情况下，孩子难以建立自信，而且常有"反正什么都做不好"的想法，进而出现自暴自弃或反向思考的行为，认为"周围和社会很恶劣"，从而形成不正确的现实观。

即使是发育正常的孩子，在青春期也会出现迷茫与混乱的现象。所以，有发育障碍的孩子反复重复错误的方法，情绪被复杂化，因此受到伤害更不足为奇。正因为如此，尽量在第一时间内，与孩子达成正确的共识，不断地发现积极向上的解决对策尤为重要。

接下来开始说明做法。

错误育儿方法举例

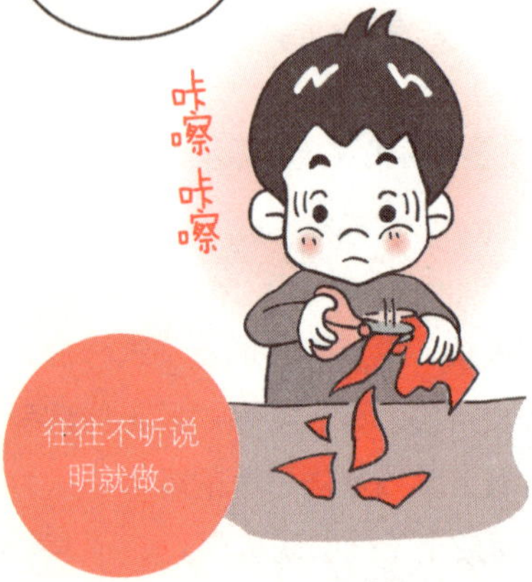

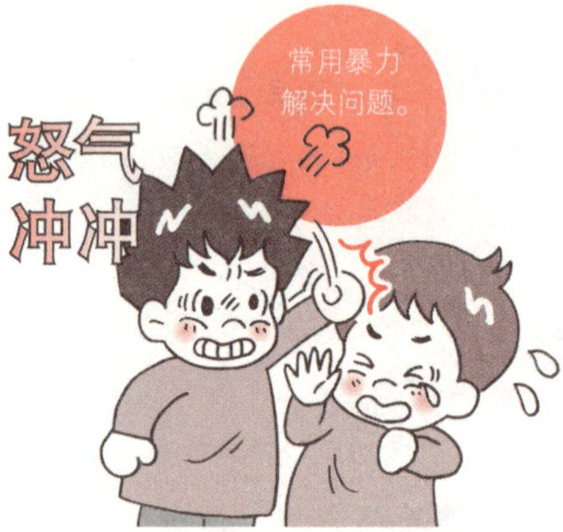

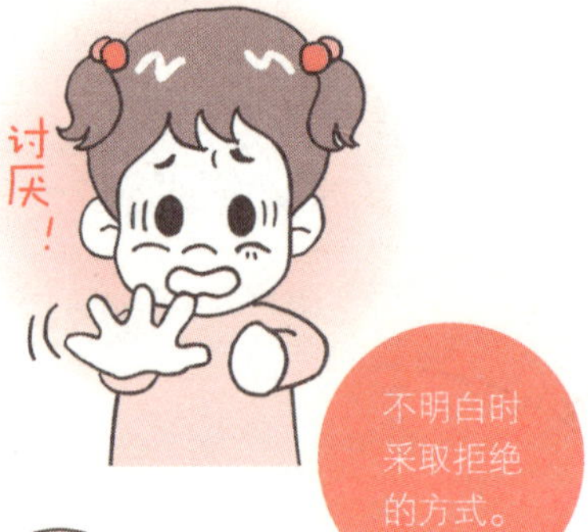

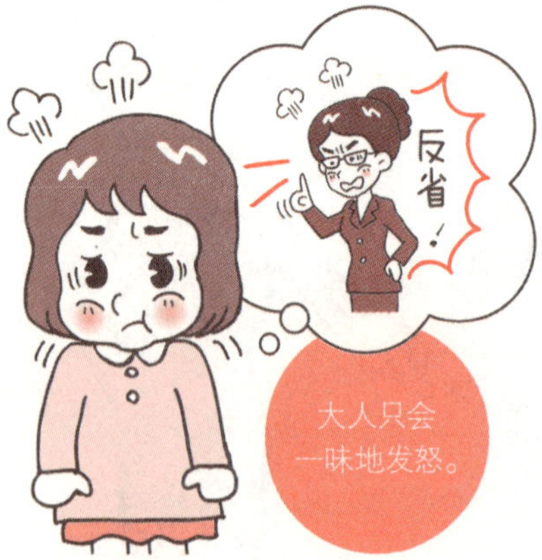

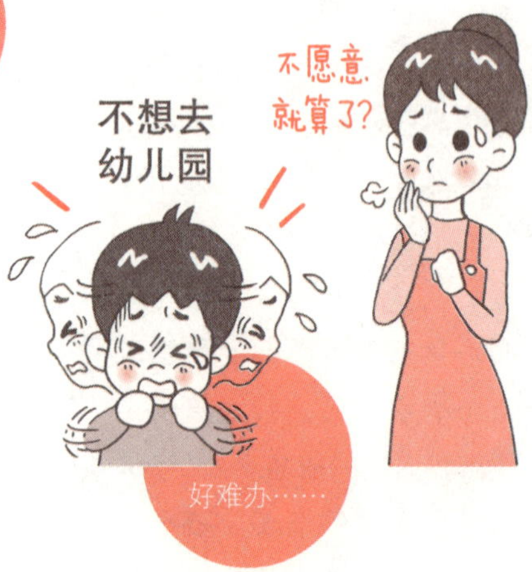

● **父母与孩子建立稳定的依赖关系**

在幼儿期，培养孩子情绪控制与交流的能力，以及孩子对父母的信任感非常重要。孩子与大人一起体验事物，通过模仿可以学到很多本领，所以，父母与孩子之间首先应该建立起稳定的信赖关系。

在幼儿期，孩子须应付的社交场合并不多。在家庭内，即使大人隐约感到孩子成长不是很顺利，依赖家庭内独特的做法与关系，孩子也能应付得下去。虽然这看起来没有任何问题，但孩子会依照自己的想法，自然地认为"周围都听我的"，而这种主观意愿与现实情况往往并非一致。而且，以多年来累积的误解为基础建立的关系一旦牢固后，再想改变就很难了。所以，在孩子小的时候，我们就应该改正他们令人困窘的行为方式，同时发现孩子的长处并帮其发挥。让我们认真地坚持这种做法吧。

常见 ? 问题点

会这个，就一定会那个吗

有发育障碍的孩子，擅长与不擅长的领域差异很大。这样的孩子有些智力水平较高，学习成绩优秀，所以，旁人常倾向于认为"这些孩子如果做就一定会"。但现实中，这方面行，并不意味着那方面也行。在训斥孩子之前，请停下来思考一下，家长自己是不是也有不擅长的地方。

育儿是一项长期的工作

● **育儿不当带来的连锁影响**

如前所述，在青春期出现较严重的心理疾患者中，发育障碍者的比例相当高。孩子的发育问题实际上始于婴幼儿期。在孩子婴幼儿阶段，家长毫无根据地认为"还小""看看再说""没问题"的不当育儿方法反复使用，会引起不良的连锁影响。孩子入学后，即使显现出在集体生活中的诸多不适，但多以"家庭教育不够"这样的理由来推脱，使孩子无法接受必要的帮助，造成孩子暗自降低自我评价。

尽管如此，如果孩子没有出现拒绝上学等严重问题的话，学校也仅仅停留在"还有类似的学生""不会的孩子不止他一个"的处理。现实中，孩子毕业后问题加剧的事例并不鲜见。

◀ 发育是有一定方向性的不断积累 ▶

孩子发育的行进步伐因先天因素以及成长过程中的环境因素不同，存在着个人差异。像一步一步走上台阶那样，发育是按照一定顺序循序渐进、不断累积的过程。

● **人生是一个不断累积的过程**

育儿是一项长期的工作，在育儿的"长征"途中给予持续性帮助对孩子极为重要。持续性帮助并不是指接受医学治疗，而是指在孩子的日常生活中为其提供多样化的支援，且这些支援随孩子生活舞台的实际情况适时变化。这种持续性帮助要长期参与。

当前状况是我们每个人到此为止走过的人生累积，成人期是青春期的累积，青春期是学龄期的累积，学龄期是婴幼儿期的累积。"看看再说，不久就会好"，抱着这样的想法而对孩子放任不管，就会埋下祸根，因为孩子长大后不可能突然间行为举止得当起来。另外，即使现在看不出孩子有什么问题，但"没什么问题"的水准与"可以自立"的水准截然不同，这个时候没问题并不意味着今后万事大吉。为了孩子将来适应社会，可以过上丰富多彩的生活，对孩子来说，不断拓展所需技能无比重要。

常见？问题点

给孩子自由就好吗

你是否曾对不参加集体活动或不听话的孩子采取过听之任之的态度？因为你觉得"无拘无束是孩子的天性"。但是，有时那也是家长认为"太费事了，还是不管比较轻松"的自我偷懒行为。如果幼儿期留下"怎么做都行""不情愿做的事不做也可以"的烙印，孩子升入小学后，集体生活就面临困难。家长应该意识到，持续性帮助与孩子的未来有关。为了孩子可以掌握更多的本领，尽我们最大的努力吧！

> 表的长针指到"3"时，就要收拾啦。

● **育儿要在细节上下功夫**

虽然大脑基础结构的天生缺陷无法改变，但是，因差异所致的困窘行为却可以得到改善。如果有发育障碍的孩子知道"这个时候这么做就好了"，将有可能减少他们在日常生活中的困难。因此，在育儿方面下功夫，实际上是发育障碍孩子养育的核心内容。理解了发育障碍的特性，明白与发育障碍者共鸣非常重要，但这并不意味着"因为有发育障碍，所以不会也可以"。有时候，符合幼儿园的要求，不一定就符合学校的要求。未来生活的舞台，需要必要的行为规范。在必要的场合，我们应该告诉孩子如何做，但是如果孩子不能将其付诸实践的话，他们也难以过上快乐的生活。

◀ **孩子的行为是可以改变的** ▶

- 刻板行为
- 粗暴行为

↓

任性的孩子

- 礼让行为
- 微笑待人

↓

温和的孩子

"性格"固然不易改变。但是，性格是许多"行为"的集合体，而这些行为是可以逐渐改变的。

● **培养孩子解决问题的能力**

如果观察有发育障碍的学龄期孩子，我们就会发现，他们被表扬的经历少得惊人。有发育障碍的孩子身处困境，他们利用自己特有的处理方式试图突破重围，而且非常不喜欢别人对自己的行为指手划脚。仅仅是被指出问题，就会令他们感到惊恐，而且常常以"我没错"来反驳。仅仅听到"这么做吧"的提议，有发育障碍的孩子就会感到自己遭到了完全的否定。

适合某一场合的行为，还要让孩子自己努力摸索并掌握，这一点极为重要。孩子应该大量积累诸如"通过解决问题感知快乐""表现出色时得到爸妈的表扬心情愉悦"等经历，来培养自我肯定的心理。为了孩子可以专注于解决问题，为孩子创造有利环境，给予表扬与鼓励，提供适度的帮助，是孩子周边的成人义不容辞的责任。

◀ 对幼儿期发育障碍孩子的帮助方法 ▶

- 与大人一起做→孩子自己做→以大人为媒介，与其他的孩子一起做→由大人监护，与其他的孩子一起做
- 要在指导方式上下功夫
  （通常的方法，发育障碍孩子往往不理解）
- 从特定的场面开始
- 前进一小步
- 赞扬，培养自尊心
- 一定要成功
- 好啦，做一下准备吧

好啦，去做准备吧。

第 2 章　为了孩子将来能快乐地生活 现在该做些什么

亲属的心理健康也很重要

● 妈妈发生心理抑郁的风险高

为了帮助孩子可以自己解决问题，保持生活状态的稳定，改善全体家庭成员的心理健康状况也非常重要。

因为有发育障碍的孩子会在日常生活中不断地制造各种问题，很多抚育有发育障碍孩子的父母，除了接受障碍这个事实，确保稳妥地给孩子提供帮助之外，还面临着巨大的精神压力，会对自己提出像"难道是我的教育方法不好吗""为了这孩子，难道要牺牲全家人的正常生活吗"这样的质疑。因为无法得到幼儿园、保育院的工作人员，甚至家庭成员的理解所导致的孤独感，以及像"父母去世后，谁来照料这个孩子"这样的担忧，对孩子的未来极度担心。因此，家长自身容易出现心理健康问题。研究表明，孤独症孩子的家长，面临着心理抑郁的更高风险。另外还发现，发育障碍孩子的妈妈，心理抑郁的概率是一般女性的10倍。

● 家庭其他成员往往也有心理问题

家庭成员同时有发育障碍特征或倾向的情况并不少见，考虑到孤独症等发育障碍是与遗传因素息息相关的多因素疾病，也就不足为奇了。

当家庭内多个成员表现出发育障碍特征时，相互关系以及各自所面临的挑战将会错综复杂，彼此牵扯，使问题更为严重。针对从育儿难发展至虐待这类严重案例的研究表明，妈妈本人的发育障碍问题对这种情况的发生有更大影响。

我们需要区分思考：父母的心理健康问题是由自身的特性所致，还是因为抚育发育障碍孩子所累积的压力造成的。无论是哪种情况，大家将精力集中在孩子身上的同时，顾及一下易被忽略的家庭其他成员的精神状态，也十分重要。有很多时候，家长自身的心理健康问题比孩子的发育障碍问题更为严重，并因此阻碍了孩子的顺利成长。

● 家长状态不好，难与孩子建立和谐关系

人在抑郁状态下不仅对各种事物的参与意识下降，而且对事物的看法也变得消极。这种情况下，当孩子告诉家长自己想要做好事情时，家长往往甩出诸如"像你这样不怎么样的

孩子"等否定性言语，甚至因为无法控制自己的情绪，对孩子进行无端的谩骂。现实中，上述情况并不鲜见。

　　如果家长自身心理不健康的话，家长与孩子间的关系将会恶化。当感到巨大的心理压力时，许多人都会出现失眠症状，精神方面的不适多由睡眠问题表现出来。通常来说，失眠持续一个月是发生抑郁症的征兆。当失眠问题严重时，家长应该通过接受医疗诊治等方式来改善自己的精神状态。家长能够客观地理解自身的情况以及家人的现状，孩子才能得以安心稳定地生活。

　　孩子的发育速度因人而异。育儿是一项长期的持续性工作，累了的时候，不要勉强自己，也不要过度努力，这点很重要。因为一个人绝对承担不了所有的责任。让我们牢记一个宗旨：育儿的目的是为了孩子与全家人可以快乐地生活。

常见？问题点

孩子有发育障碍，就没办法吗

　　了解了孩子的行为异常的原因后，就"预见了"那些令人担心的事。如果袖手旁观，不告诉孩子如何采取正确行动的话，接下来，孩子必将陷入困境。某种场合允许的言行，并不意味着所有场合都允许。对于有发育障碍的孩子，通常的教育方法行不通，开动脑筋想出有针对性的方法则可以奏效。所以，让我们一起思考"怎么办才可以使他们做好吧"。

家长应接受相关培训

● **点燃对育儿生活的希望**

无疑，在有发育障碍孩子的技能拓展过程中家长的作用非常重要，但是，很多家长都因育儿压力以及因解决各种问题所感到的疲惫，处于不自信的状态。所以，家长重新冷静地审视现状，对育儿生活点燃希望之火最为重要。家长培训就是为此而设的一个辅助性支援。

就对孩子所进行的技能训练，要整理一下思绪，诸如"孩子现在都学会了什么""接下来打算掌握什么本领"等，并加以分析、思考。参加研讨会，一边听取专家及其他家长的意见，一边学习，对家长来说是不错的选择。在此，我们先来看看如何整理思考方式。

● **学会观察孩子的行为**

尝试改正帮助孩子的方式，不要将焦点集中在性格等抽象的事物上。通过校正"行动"，既易使孩子弄懂，又容易将其改变。因此，首先要尽可能具体地把握孩子的行动。

所谓行动，即做什么事

指出"不做某事"不是行动，说明"不做这个，做那个"才是行动。

- ✗ 收拾
- ✗ 收拾玩具
- ✓ 将玩具收拾到玩具箱中

- ✗ 任性
- ✗ 任性地吃东西
- ✓ 不要只吃自己喜欢的东西

◀ **将行动的意义一分为三思考** ▶

弄明白原因与结果是找到对策的途径。

A宝宝总是将喜欢的东西吃了，然后将讨厌的东西扔到地上。

臭东东！

分析原因
- ● 预测行动的发生
- ● 事先做好准备

行动前（原因）	行动	行动后（结果）
剩下讨厌吃的食物	把讨厌的食物扔到地上	即使不吃也不扔掉

注意结果
- ● 弄明白孩子的真正愿望
- ● 找到行动背后的确切原因

● 发现孩子可以做好的事情

下一步，就是确认孩子"可以做好的事情"。多数情况下，人们并不清楚孩子可以做到什么程度，所以，有意识地确认孩子"可以做到的事情"非常重要。

从清晨起床到夜晚睡觉，梳洗打扮、吃早饭、打招呼等逐一列举，会意外地发现，孩子可以做好的事情还真不少。将这样列举的行动表，按照日常生活、交流等分类，"哪些可以做好，怎样采取对策，接下来的挑战是什么"就一目了然了。

● 多加尝试，找到解决问题的窍门

在确认孩子"可以做好的事情"这一过程中，同时还可以发现孩子"做不好的事情"以及"为难的事情"。任何人都有为难的或是做不好的事情，但这并不意味着事情会百分之百变坏。为了避免糟糕的局面，要开动脑筋，想方设法。

> **做到勉强过关即可**
>
> "可以做好的事情"，并不意味着要比别人做得出色。孩子努力做的事情，即使水准勉强过线，都应将其视为适度的行动。
>
> 不要持有"与一般孩子对比怎么样"的心态，只要孩子为解决问题付出努力，就应该予以充分的肯定。

◀ 为孩子"正在努力做的事"开动脑筋 ▶

遇到为难或做不好的事情，需要我们开动脑筋，用心想办法。

母：
为难的事	为此努力	结果
体型变胖 衣服穿不下	开始运动	每天坚持运动 保持适度体重

子：
为难的事	为此努力	结果
抢小朋友的玩具	尝试说"借我玩玩"	与小朋友和谐相处

孩子与大人一样，会遇到事情不如预期顺利的情况。这时候很多孩子依然会按自己特有的方式努力。应鼓励孩子多加尝试，想方设法，可以找到实现目标的方法与窍门。

用夸奖帮助孩子成长

● 表扬、认可更利于解决问题

把握孩子的现状，弄清楚应该解决的问题，在日常生活中开展各种亲子实践行动。让孩子掌握用餐、大小便的方法，学习怎样交流，目的是帮助其顺利成长。为了孩子能够顺利地攻克难题，周边的大人应该为其提供恰到好处的帮助。当家长提议做什么的时候，失败经历较多的孩子多会拒绝。这时候，让孩子做到"试图努力"是首要任务。因此，发现孩子正在努力的事情，及以往曾努力的事情，都要给予及时的认可、赞扬，此点极为重要。

创造有利环境的窍门
- 事先说明日程安排
- 以示范来展示指令与规则
- 去除孩子不喜欢和不擅长的东西
- 帮孩子理清思绪
- 加入孩子喜欢的东西
- 在道具方面下功夫

● 创造有利的环境

为了让孩子更易于学到本领，为其创造可以安心的环境是一件极为重要的事情。有效的教诲与指导是有技巧的。

● 帮助要恰到好处

帮助孩子遵守指令与规则很重要。但是，如果给予的帮助太多，就会造成孩子被动等待指令的情况，从而失去干劲。相反，如果给予的帮助太少，孩子又会重复失败的经历，从而失去自信。所以，家长要做到不过度提供帮助。给予什么样的帮助视情况而定，帮助从多逐渐减少，直到孩子能够独立完成。

达成有效约定的窍门
- 从简单并立刻就可以遵守的约定开始
- 最初特意约定孩子已经会做的事
- 反复确认
- 为孩子遵守约定提供适当帮助
- 孩子遵守了约定就要大加赞扬

降低夸奖的门槛，将失败的体验转变为成功体验

例　妈妈喊"吃饭了"，A宝宝立刻将手中的玩具扔向玩具箱。但不巧，玩具打中了弟弟，弟弟哭了。

"吃饭了，收拾一下。"

"干什么呢？不许扔玩具！" 
→ "再也不做了。"
不好的结果或不愉快的结局，使得好不容易才采取的行动又回到了原点。

"收拾是好事，但不要扔，拿着放进箱子里，好吗？"
→ "下次做好。"
有了愉快的体验，好的行动就会越来越多。即使孩子没做好，能够让孩子有"下次一定要加油"的意愿，也十分重要。

有效夸奖孩子的方式
- 对好的行动，要马上表扬
- 使用孩子可以明白的语言与表达方式
- 使用适合孩子的夸奖方式
- 具体指出值得夸奖的地方

同样的场合，孩子行动后父母的不同反应会直接影响孩子行动的意义。"夸奖"这种积极向上的参与方式，会促使父母与孩子的关系变得融洽，也会令孩子对自己充满信心。

第2章　为了孩子将来能快乐地生活现在该做些什么

来自兄弟姐妹的理解

● **兄弟姐妹的理解很重要**

有发育障碍的孩子，其兄弟姐妹有时会被同龄孩子嘲笑或欺负。兄弟姐妹间的关系也可能因此受到伤害。兄弟姐妹为了逐步减少关联，多数会选择与其保持距离。哥哥姐姐的话，与家长的观点比较接近，大多都会与发育障碍者保持亲密关系，相反，弟弟妹妹却很难表示出理解与同情。

成人后，要想修复已经破裂的关系绝非易事。为了使发育障碍孩子顺利成长，一定要促进包括兄弟姐妹在内的全体家人的和睦关系。

● **和睦的关系要共同努力**

共同努力能更好地帮助孩子积极地融入周围环境，但有时父母会特别照顾有发育障碍的孩子，这在别的孩子看来，父母似乎成了有发育障碍孩子的专属。

兄弟姐妹有自己的人生，没有必要以牺牲自我来充当保护人的角色，适度地保持一定距离是无可厚非的。

家长无论怎样都会将注意力集中在有发育障碍的孩子身上，并且期待兄弟姐妹也能为其多做些事情。兄弟姐妹想与父母多些接触与交流，但有时又无法表达。兄弟姐妹不必充当保护人，而是应该

一边过快乐又多彩的生活，一边帮助有发育障碍的亲人。这种兄弟姐妹间的理想关系需要家人共同创造和维系。

● 和兄弟姐妹一同成长

发育障碍是与遗传有关的多因素疾患，家庭内部多人具有类似特质的情况并不稀奇。有时，兄弟姐妹同样具有发育障碍的特质。即使没有被诊断出来，也会表现出类似的倾向。

如果兄弟姐妹具有相同的、难以控制的心理志忑、易激动、情绪紧张的特质，那么在外界刺激较多的集体生活中，这些特质就会膨胀到极限。这时候即使他们希望回到家里放轻松、静下心来，也无济于事。兄弟姐妹间会争吵不断，长期处于一种持续无法放松的状态。如果有向专业人士咨询的机会，希望兄弟姐妹一起参加，并思考一下如何促使他们一同成长的问题。

在家里，做布置、收拾等家务工作时，可以让兄弟姐妹一同参加。摒弃"做不好就批评"的做法，在"只要努力了就要表扬"的规则下，不仅让有发育障碍的孩子，同时也让兄弟姐妹累积被赞扬的经历。这种方式会将孩子们引向更加健康的成长之路。

家庭成员共同出席活动

如果居住地附近设有发育障碍支援小组以及育儿班的话，一定要积极参加。通过小组活动，可以学习如何参与帮助，相互理解深陷相同处境伙伴的烦恼。这就是支援小组存在的非凡意义。建议参加家庭成员可以共同出席的活动，建立相互联系。

多方咨询获得有效支援

● 首先要知道与谁取得联系

为了使有发育障碍的孩子可以言行正常，家庭成员面临着诸多问题，对此，有些家庭并不积极解决。家庭成员与专业人员取得联系或是进行咨询尤为重要。有人说家长独自接受诊治不起什么作用，但是，当问题极其严重时，建议家长接受咨询。

为了辨清孩子的特质，在医疗机构进行与发育相关的检查，并通过专家进行诊断，这是必要的。但是，医疗机构基本上以诊断与治疗为主，对于孩子日常生活能力的改善做得比较少。临床心理医生以及语言听觉方面的专家，可以起到帮助父母和孩子提高生活能力的作用。书籍、网络等对有发育障碍的孩子及其家长来说，也是丰富的社会帮助资源。

现实中，虽然存在着各种挑战，但是不管怎样，多方咨询的益处毋庸置疑。

当不了解去哪里咨询的时候，可以与有过相关咨询经历的家长取得联系，请他们介绍周围比较近、比较可靠的相关机构。

有效支援是经过反复咨询后形成的。家长不要认为问题一次就可以解决，应先考虑"与适宜的专业人员取得联系"。

● 列出要咨询的事项

利用便利的咨询服务是基本方针。有人为了向有名专家咨询而慕名求远。但是，向专家咨询一次，并不能一下子解决问题，而支援是长期的。所以，大家应该将咨询内容从"可以做好的事情"开始，依序排列记下来，逐项进行咨询。这样来看，就近多次咨询极为重要。

咨询时，因时间有限，将咨询内容逐条列出是行之有效的方法。即使当天无法完成全部咨询，将事先列好的内容交给咨询机构，也可以在下次咨询时继续寻求帮助。

● 并非一次咨询就解决全部问题

负责发育障碍咨询的多数是医师、临床心理师、保健师等，提供帮助的内容因情况而异。大家不要因为咨询效果不如预期而轻易放弃。在不懈寻求帮助的过程中，可以请支援者开展相关调查，推动事情的进展。

建立联系

除了有发育障碍的孩子外，如果监护人自身也陷于困境，此时拥有可以提供咨询的朋友或机构，也许可以获得极为重要的帮助。

遇到有厌烦情绪、嫌费事的支援人员，或当被告知"做不到"时，有些家长会过分在意，甚至表现得很冲动。其实，接受咨询时一定要把心态放平和。要摒弃咨询一次就解决某个问题甚至全部问题的想法，逐一拓展孩子的能力，逐步形成良性互动关系的态度十分关键。

伙伴

- 支援组织
- 家长小组
- 育儿班
- 可以分忧的朋友

信息

- 书籍、杂志
- 网络
- 电视
- 学习班

支援

医疗机构	公益机构	其他
●医院儿童精神科	●发育障碍者支援机构 ●儿童咨询所 ●保健中心	●医疗机构 ●临床心理师 ●语言听觉师

互相合作

第 2 章　为了孩子将来能快乐地生活现在该做些什么

◀ 怎样说孩子容易理解 ▶

❶ 内容具体

放在那里不行。 ✗
将用过的杯子放在桌上。 ✓

❷ 事前说明

今天要去××地方。

❸ 引起注意

有事要跟你讲。

❹ 要简短、一件一件地说

关电视,好吗? ✓
去洗手吧? ✓
关了电视后洗手。先做什么,再做什么…… ✗

❺ 清晰易懂

去做××事,好吗?

❻ 使用画和照片

洗个澡,好吗?

第 3 章

另类宝宝的21项教养秘诀
幼儿期应掌握的本领

本章主要谈一谈幼儿期孩子应养成的生活习惯,以及家长与孩子建立和谐关系的技巧。每个孩子的个性与实际生活需要都存在着差异。大家应在日常生活中探寻适合自己孩子的育儿方式。

家长与孩子共同努力的大前提

养成基本的生活习惯或是让孩子学习语言，为的是让孩子今后可以享受美好的人生。为了实现上述目标，有效地给孩子提供帮助是周围大人的责任。

● **首先要让孩子获得周围人的理解**

无论有没有发育障碍，孩子将来都要在社会中生活。掌握在社会中顺利生活的技能，是孩子快乐度过每一天不可或缺的本领。

有发育障碍的孩子，在诸多方面不太擅长。这些弱点在重视沟通的现实社会中会成为非常不利的一面。虽然孩子也很想做得出色，但他们往往不知如何是好。这种情况下，如果周边的大人告诉他们正确的方法，问题就会迎刃而解。周边的大人首先应该意识到，这些孩子虽然不能一下就明白意图，但是逐一指导后，他们就可以从不会到会而发生转变。为了避免孩子出现情绪混乱，创造与调节适宜的环境是大人的首要任务。

如果以否定的态度将孩子的特性视为"不行""有问题"，孩子一旦遇到问题，就一味地发怒，这样并不能找到摆脱困境的方法。同时，虐待性家教的危险性也会随之加大。正是因为有发育障碍的孩子不能自然领会要领，所以，家长才要思考如何耐心地指导来拓展孩子的能力。

● **让孩子感知一起做事的快乐**

孩子实际学会就餐、大小便、穿衣等基本生活技能，学习语言与交流，为的是今后可以快乐充实地生活。所以，孩子能够充满热情、积极地面对问题非常重要。以此作为大前提，首先应让孩子感知"与大人一起做事的快乐"。

不要什么事都是"被迫做"，而是"自发地、快乐地"努力去面对，这样才可以真正掌握本领。有关这一观点，相信大人们回忆自身以往的经历时，都深有同感。孩子经努力取得成功，获得别人"做得真不错""你尽力了"的肯定评价，来感知"从不会到会"既是一件令人高兴的事，又是一件有意义的事。

在生活中，将培养孩子日常生活自理能力与游戏玩耍相结合，通过这种寓教于乐的方式，使得孩子可以感受到与大人一同做好一件事的快乐，这是育儿的最大课题。有发育障碍的孩子，有时表现得抗拒大人参与。这种情况下，就需要大人去孩子一个人玩耍的地方，不动声色、若无其事地与孩子搭话，主动参与其中。

与信赖的大人一起放心玩耍，通过模仿大人的言行，孩子可以自然学会很多东西。为了借此增强孩子的自尊心，大人对孩子的每一个行为都应及时给予"你做到了"的赞扬。这时候大人应该从内心摒弃"孩子与普通水准相比，还不行"的想法，将注意力集中在孩子此时此刻的进步上。

● 在"框架"内努力效果更佳

孩子感知到"与大人一起做事很快乐"之后，接下来进入"在框架内努力效果更佳"的认识阶段。在"与谁、在哪、做什么"以及"既定的规则与方法"等框架内，让孩子认识到"搞清楚应该做什么，与大家一样完成任务"会得到更多认可，每天的生活也因此更快乐。

经过这个阶段的训练，随着年龄的增长，孩子可以专心于更深层的技能训练了。在这种训练模式中，家长不忘及时鼓励，牢记让孩子乐观、积极前行的重要性。

● "让孩子感到快乐"最重要

本书介绍的不是"掌握了某种本领就可以一劳永逸"的窍门，而是"掌握了某种技巧就可以解决某种问题"的方法。在日常生活中，孩子通过自身积累的实践经验，最终可以真正地掌握相关本领。因此，渐进式的、长期的、坚持不懈的努力极为重要。孩子随着年龄的增长，就要掌握与之相符的新技能以及与场合相适的灵活应变能力。为此，在最初阶段，大人应该了解孩子全力以赴面对挑战的必要条件以及满足这些条件的方法（模式）。解决问题的方法不止一个，通过逐步拓展方法，可以不断培养孩子灵活应变的能力。

这里需要注意的是，大人纠正孩子的行为时，不要忽略"孩子快乐吗"这样的问题。为了让孩子全力以赴，大人往往采取鞭策式方法。但是，这种方式很容易最终演变成教育式的灌输。"做好了，给你糖吃"，仅以此种形式解决问题，将导致孩子有吩咐才做，不会自发努力的结局。另外，以家教的名义严格指导孩子行为的方式，往往会导致孩子以后被训斥的经历重演，从而给孩子的人生带来负面的影响。不要强迫孩子做大人希望的事情，永远牢记"孩子快乐地生活"才是解决问题的宗旨。

● 有不擅长的事不足为奇

无论是谁，都离不开他人的帮助。即使是成人，有为难的事时也会求助于他人。在社会中，为了更好地生存，持续性的学习将伴随终身。不擅长的事情因得到帮助而得以解决，这种情况很常见，绝不是什么难为情的事。所以，家长应坚持不懈、耐心地参与育儿实践。

◀ 借助日常生活与游戏帮孩子提升能力 ▶

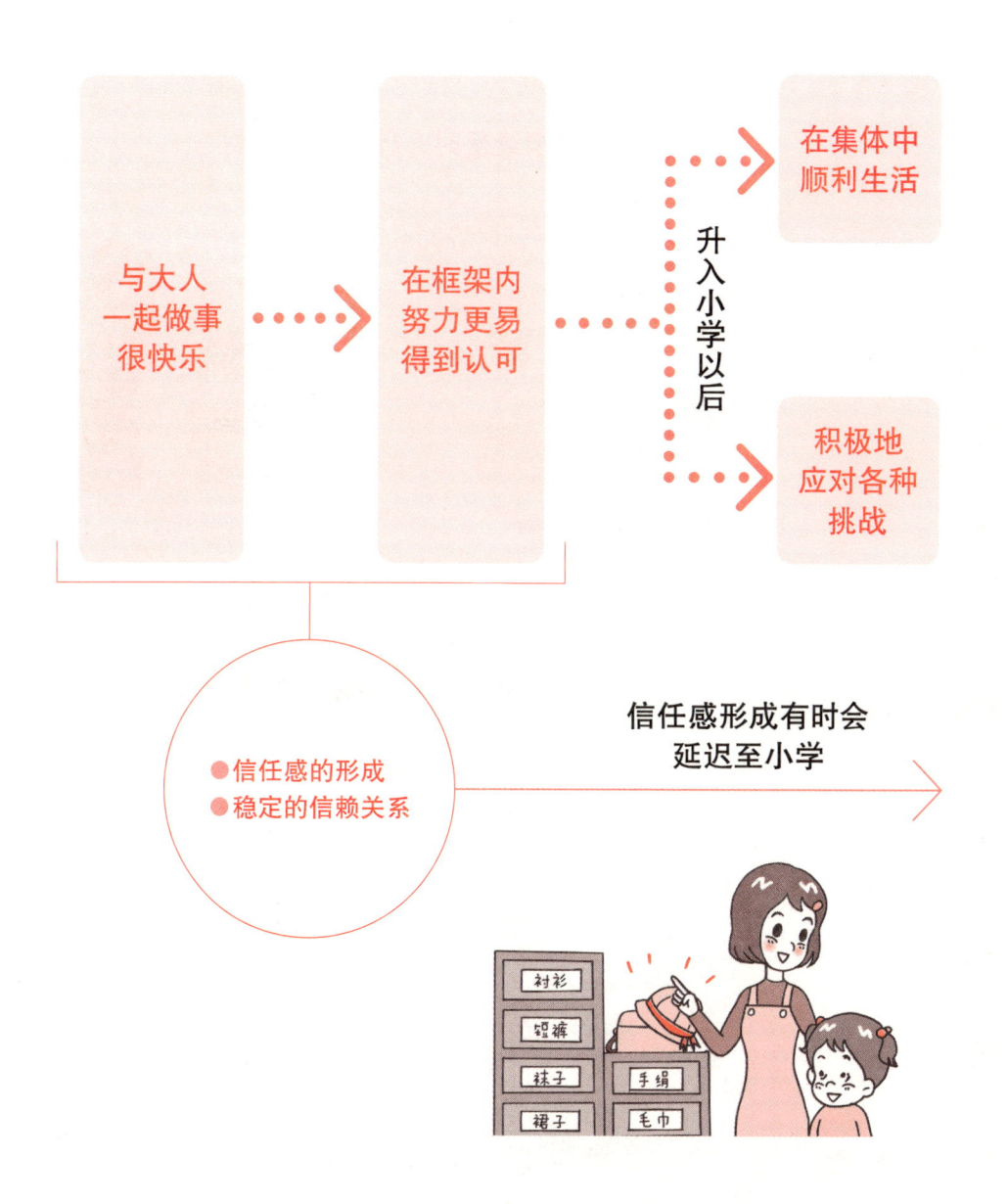

与大人一起做事很快乐 ┈▶ 在框架内努力更易得到认可 ┈▶ 升入小学以后 ┈▶ 在集体中顺利生活

积极地应对各种挑战

- 信任感的形成
- 稳定的信赖关系

信任感形成有时会延迟至小学

| 日常生活自理 | **生活节奏**

辨清孩子天生的生理节奏，养成良好的生活习惯，不断地进行实践。

摸清孩子的生理节奏

困倦、情绪差时，什么都做不好

烦躁不安
正做饭呢，不能去玩。
去玩吧？
好困！
磨磨蹭蹭

妈妈正准备晚饭、忙得不可开交时，孩子情绪高涨；到吃饭的时候，孩子却因困倦而磨磨蹭蹭。

配合生理节奏调整生活

配合孩子的体质，想办法改变生活

太好了！好吃！
呼噜呼噜

早些准备晚饭，就餐变得顺利。

42　一看就会的育儿图解　幼儿篇
帮孩子摆脱发育障碍的21项教养秘诀

趁孩子情绪好的时候训练

有的孩子不用特别训练，其生活节奏即可比较规律。有的孩子则天生容易紊乱，这种类型的孩子能与不能的差别迥异，困倦与闹情绪时，无论做什么，最终大多是徒劳的结局。所以，应趁孩子情绪好的时候致力于问题的解决。

● 生理节奏易紊乱的孩子

使孩子建立起生存的基本能力是日常生活教养的课题。其中，进餐、排便、睡眠被称为"生理三原则"，所以家长要综合考虑各种情况，安排好孩子每一天的生活。

孩子与生俱来的生理节奏存在着个体差异。节奏容易紊乱的孩子无论多么努力，也会出现困难的情形。但遗憾的是，很多情况下大人对此并没有察觉。事实上，即使孩子生理节奏容易紊乱，也要在适合孩子的节奏中培养其生活习惯，让孩子生活规律、正常，这非常重要。幼儿期的努力实践可以减少上学后出现严重问题的概率。让我们结合孩子的生理节奏，重新审视并修正孩子一天的生活规律吧。

孩子的一天生活

生理状况

排便	就餐	睡眠	身体状况
● 排便规律 ● 大小便的情况	● 规律地进食 ● 食欲如何	● 睡眠时间 ● 入睡、醒来时精神状态 ● 睡眠质量	● 情绪、脸色、活动情况 ● 生病时的生活规律变化

生活内容
- 是否过度运动
- 情绪是否安定

孩子的生理状况及生活内容与有规律的健康生活方式相关。配合孩子的成长，大人应该注意观察与思考孩子一天中的活动与休息是否平衡。

日常生活自理 进餐

在孩子说"不会"时，大人应该先确认对孩子的指导方法是否足够浅显易懂。

第1步 找出原因

偏食

- 刻板行为
- 味觉过敏

因味觉过敏或个人偏好，可能出现"没吃过就拒绝"的情况。大人要想法让孩子尝试各种食物，但孩子进食后若感觉恶心想吐，不要勉强。

用手抓、掉饭粒

- 想早吃到嘴里
- 咀嚼、吞咽功能发育迟延
- 手指不灵活

应从两方面考虑：一是口腔咀嚼吞咽功能及手指使用餐具的功能是否有问题，二是餐桌礼仪。

第2步 想方设法

在烹调与装盘上花心思

- 将蔬菜切碎后放入米饭中

让孩子尝试很重要

- 若孩子喜欢吃鸡蛋饼包饭，可以让孩子尝试西红柿酱味道的意大利面

选择方便易用的餐具

- 加大汤匙舀东西的面积
- 让汤匙手柄具有角度

改良烹调方法

- 改良食物的硬度、大小、黏性等，使食物更易于吞咽

一看就会的育儿图解
帮孩子摆脱发育障碍的21项教养秘诀　幼儿篇

孩子的进食能力会逐渐完善

咀嚼、吞咽等功能随发育而不断完善。如果不考虑孩子的发育规律，强行要求孩子做到的话，事情就不会顺利。例如，咀嚼功能明明尚未充分发育，往孩子的嘴里塞满了较硬的食物，乍一看，孩子在吃，实际上囫囵吞咽。应该从较软的食物开始，让孩子进行阶梯式咀嚼练习。注意观察孩子现有能力，调整烹调方式，看似绕道，实为捷径。

进餐时来回走动

- 肚子不饿，不想吃饭
- 多动冲动
- 对他人意识薄弱

创造刺激较少的环境与限定用餐时间相结合，从而培养孩子专心用餐的习惯。

- 不吃零食
- 减少外界刺激
- 坐难以站起来的椅子
- 设置闹钟
- 固定座位

养成必须坐着用餐的规矩

● 从功能与规矩两个视角来把握孩子的"会"与"不会"

孩子进食能力是阶梯式完善的，在功能尚未发育成熟的阶段，孩子根本无法顺利完成突来的高难度技能。要配合孩子身体功能与大脑认知的发育，一步一步地培养孩子的能力，从功能与规矩两个方面，重新审视孩子的"会与不会"。

要求天生能力弱的孩子做与别的孩子一样的事情，只会加大孩子的拒食感，导致恶性循环。

进食是生存的基本行为，对身心影响深远。进食不仅是为了摄取营养，还要让孩子从用餐中获得满足感，体会用餐的快乐。这一点极为重要。

应用篇

让孩子体验在外就餐的快乐

出于对拓展乐趣与休闲放松的考虑，大人应尽力带孩子走出家门。孩子状态稳定是外出的前提。为了避免以训斥结束外出的局面，出门前最好预想各种情形的发生，为孩子拥有美好的体验做好充分的准备。

- 尽可能去对孩子的行为表示理解的店铺
- 反复在同一家店铺用餐
- 提前告诉孩子要去哪里、吃什么

日常生活自理

排便

摒弃"做不到不行"的想法,以"排便是必需的事,何时达到孩子可以自己完成的目标,要由孩子的发育状况决定"的态度来解决问题。

第一步 找出原因

离不开"尿不湿"

- "尿不湿"湿了也没觉得不适
- 容易清理,所以一直使用

持续使用吸尿性能好的"尿不湿",即使尿湿了孩子也觉不出不适。

拒绝去卫生间

- 以往留下过消极印象
- 对气味过敏
- 安静不下来
- 不知何时该去卫生间

由于过敏或以往的消极体验,有些孩子会"拒绝去卫生间"。

第二步 想方设法

提醒孩子去小便

小便吗?

逐步减少"尿不湿"的使用时间,直至穿布内裤。尿湿了也不要训斥,频繁更换内裤即可。

设定好时间进行引导

想去卫生间吗?

想方设法让孩子坐下来,如使用孩子喜爱的马桶坐垫等。

保持卫生间洁净,尽量减轻气味

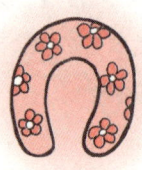

一看就会的育儿图解
帮孩子摆脱发育障碍的21项教养秘诀 **幼儿篇**

给卫生间营造舒适的氛围

在卫生间内的不快体验，诸如被强制、被训斥等失败经历，容易造成孩子的心理阴影，孩子会本能地对卫生间产生抗拒感。改善环境，给予鼓励，对孩子的每一个好的表现都显示出喜悦之情。以简明的形式向孩子传递"卫生间是很洁净、很安全的地方"的信息，这极为重要。

排便失败

- 肠胃问题
- 便意不强烈
- 心理问题
- 尚未养成习惯

排便成功与否涉及排便规律性以及便意是否强烈等各种因素。

掌握孩子的排便规律，养成规律排便的习惯。

细致的应对措施

告诉孩子排便的征兆以及用劲的方法。

● 做好耐心解决问题的心理准备

排便极其重要，可以说是最基本的生活能力之一。正因如此，大人往往会认为"连这样的事情都不会怎么行"。孩子的排便训练分为几个阶段，即舒服、不舒服的感觉，尿意、便意的确认，排泄意图的表达，去卫生间，衣服的脱穿。对孩子来说，学会自己排便是一件比较困难的事情，即使正常发育的孩子，也要逐步指导。

有发育障碍的孩子接受排便训练更需花时间，大人应该做好耐心陪伴孩子的心理准备。

另外，大人应该坚信为解决问题所下的功夫以及采取的应对措施，迟早会见效的。而且，孩子会珍视攻克难关后的成就感，同时会坚持不懈地努力。

应用篇
精神压力会导致尿床

孩子尿床的情况如果从婴幼儿期一直持续的话，有可能是由于身体的脏器功能问题引起。此种情况下，建议您带着孩子去儿科、泌尿科接受相关检查。

如果孩子是本来不尿床，后来才尿床的情况，可能源自精神压力，应以宽容的态度对待此事。

日常生活自理：穿衣、洗脸、洗澡

大人不要总是去帮孩子穿衣服，一步步前行来拓展孩子的能力。

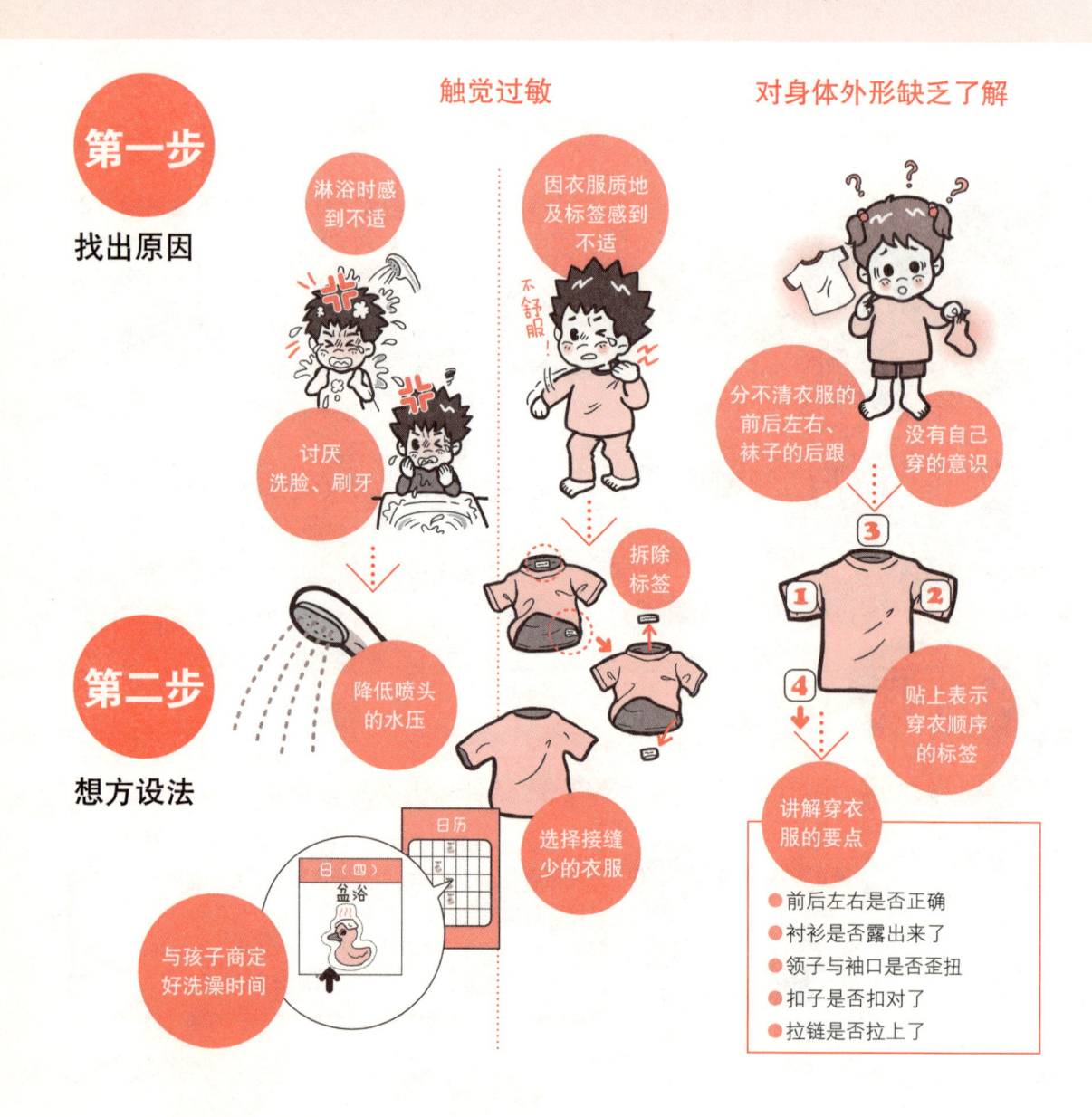

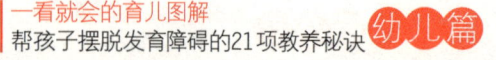

第一步 找出原因

触觉过敏
- 淋浴时感到不适
- 讨厌洗脸、刷牙
- 因衣服质地及标签感到不舒服

对身体外形缺乏了解
- 分不清衣服的前后左右、袜子的后跟
- 没有自己穿的意识

第二步 想方设法

- 降低喷头的水压
- 与孩子商定好洗澡时间
- 拆除标签
- 选择接缝少的衣服
- 贴上表示穿衣顺序的标签
- 讲解穿衣服的要点
  - 前后左右是否正确
  - 衬衫是否露出来了
  - 领子与袖口是否歪扭
  - 扣子是否扣对了
  - 拉链是否拉上了

一看就会的育儿图解
帮孩子摆脱发育障碍的21项教养秘诀　幼儿篇

刷牙与洗澡要以小步调前行

有发育障碍的孩子，在并不了解刷牙与洗澡等是以清洁为目的的情况下，往往表现出不快的情绪。
- 刷牙：习惯口腔内有牙刷的感觉→张嘴→咬合练习→放入牙刷→开始刷→移动牙刷→适度用力
- 洗澡：用拧干的毛巾擦拭身体→改用湿毛巾擦→用手将身体稍做淋湿→用洗澡水淋湿身体

不灵活、行为偏执的孩子

孩子心神不安，难以专心解决问题，往往因为不够灵活或过于坚持自我喜好所致。入夏了，孩子根本不愿意进行长短袖衣服替换，此时，了解孩子无法前行的原因是首要任务。

摸索出易实施的对策

通过重复同一个动作可以让孩子掌握要领，但如何开始是个难题。做个记号，帮孩子增强判断力。

不要说"快做"，而要说"做到了，好棒"

将孩子教到明白为止，帮孩子理顺受挫的原因，这样可以使孩子由不会到会。大人的怒气只会摧毁孩子的自信。重复"你做到了，好棒"这样的鼓励，认可孩子的每一个进步。

● 不过度帮助，不过分要求

穿脱衣服与洗脸并不是人的本能行为，所以，若放任不管的话，孩子永远也不会知道如何做好。虽然难掌握这些技能是发育障碍孩子的特质，但不要以此为由无限期地"帮着做"，以免造成孩子成人后在基本生活方面面临困难的局面。不过度帮助，不过分要求，培养孩子主动解决问题的自信，比让孩子掌握技能更具有意义。

如果孩子存在过敏等问题，应尽量想法减轻其痛苦。针对一连串的动作，可以给以简洁易懂的说明，让孩子觉得应对问题很容易。对孩子做到的事情进行赞扬。这样，让孩子对前行充满自信。

日常生活自理 收拾整理

谈到不善于收拾整理，除涉及收拾整理物品之外，还包括整理思想。花上足够的时间理顺状况，进行反复说明，这极为重要。

找出原因

孩子不善整理与有没有干劲无关

不知如何是好。

拿出来后不放回去，一直处于打开状态，不关上。

不知如何处置玩具。

想方设法

不要训斥，理顺状况，冷静指导

指定装物品的地方。

我来收拾小熊。

我们一起收拾。

家长和孩子一起做。

● **高高兴兴地做整理练习**

　　在幼儿园与保育院，即使胡乱放置物品，老师与周围的小朋友也会帮着收拾。但是，升入小学后，有了自己的书桌与书包，"整理"就要孩子自己来做了。面对学习工具等待收拾的物品陡然增多，原本不擅长收拾的孩子会感到压力，从而产生受挫感。从幼儿期开始，就要对孩子进行整理物品等基本技能训练。

　　对整理、收拾不感兴趣，不明白物品之间的关系是孩子的特质，但只要给予指导，孩子就可以不断学习。应该摒弃训斥的做法，找到一些以愉悦心情面对问题的窍门。

讲解整理的好处

　　告诉孩子收拾的几点好处，房间变得干净，容易找到物品，有更大的地方玩耍等。另外，不要忘记在孩子收拾后给予赞扬。

以小步伐前行

　　有发育障碍的孩子通常害怕繁杂的状况，在复杂的吩咐面前不知如何是好。为孩子准备一个一扔就行的箱子，将散落的玩具与脱下的衣服等收起来，让孩子养成用完物品扔进箱内的习惯。

（玩具一定要"回家"。）

对放在哪里、如何放一一说明。

应用篇　整理对策实例

将物品分组整理。

准备好收放玩具的箱子。

事先规定好物品的收放场所，为了一目了然，用图片或颜色标注。

培养社会能力: 信赖关系的建立

为了拓展孩子的日常生活能力，安全感不可或缺，而安全感则建立在信任以及父母与孩子稳定的亲子关系基础之上。

● 共同拥有快乐的心情极为重要

所谓依恋行为，即由于依恋的人存在，不安与恐惧就消散的行为。依恋关系形成后，即使依恋的人不在身旁，通过想象，依恋也可以起到控制不安情绪的作用。

孤独症患儿，由于存在难以互相对视的特质，所以，爸爸妈妈与孩子的关系变得不稳定，甚至父母采用虐待式育儿的危险性增大。但是，孩子并不会因此拒绝与爸爸妈妈的接触。

由于天生就存在不同，所以家长单方面一味地引起孩子的关注，其实是徒劳的。应通过孩子的喜好找出与其顺利交流的最佳方法。另外，爸爸妈妈与孩子共同拥有"一起做事很快乐"的心情，利于建立开拓日常能力所需的良好根基。

应用篇 交流的基础

交流不仅涉及语言。作为交流的基础，交际能力分阶段发育。结合发育状况分析孩子现在能做的及不能做的，有利于找出下一个要解决的问题。

- 判断状况
- 语言
- 动手游戏和想象游戏
- 用手指来示意
- 对表达表现出热情
- 绘画
- 模仿
- 物品的授受
- 依恋

患有孤独症的孩子，不会对视，是吗

"不会互相对视"被列为儿童孤独症的特征之一。对爸爸妈妈的呼唤置之不理，看起来面无表情，往往被家长认为不够可爱，甚至有的家长因此减少与孩子的亲密接触。实际上，多数孤独症孩子能够逐渐学会互相对视。

患有孤独症的孩子依恋的形成迟延

即使患有孤独症的孩子，也并不是一生中都无法形成依恋关系。因为依恋关系形成较为迟延，所以，这类孩子升入小学后突然黏在老师身旁的行为并不鲜见。

建立依恋关系

依恋与信赖关系的形成，是人类的精神支撑

关系密切
总围绕在依恋的人周围。

信号行为
通过哭闹向依恋的人发送信号。

目光接触
宝宝目不转睛地注视着依恋的人。

共同体验快乐

让孩子反复体验"一起做很快乐"的感觉

玩互相滚球游戏。

给孩子喜爱之物。

玩躲猫猫。

通过孩子喜爱的物品与其产生互动

顺着孩子的话题给予回应

第3章 另类宝宝的21项教养秘诀
幼儿期应掌握的本领

培养社会能力：为难时求助的技能

遇到困难、感到为难时不知如何处理的孩子，为数不少。"遇到困难的时候学会求助"应是孩子早期学习的技能之一。

第一步 理解"为难"

尝试思考：怎么了

- 当时是什么心情？
- 身体处于什么状况？

孩子"为难"时的表现
- 说不出话
- 禁不住哭起来
- 茫然不知所措
- 焦躁
- 不知如何是好

第二步 学会处理

告诉孩子：遇到困难学会求助

妈妈！

呼唤妈妈

不知道。

告诉老师

对老实的孩子要多加关注

只专注于处理出问题的孩子，往往会忽视那些被动、老实型的孩子，因为他们表面上看起来没有任何异样。如果孩子不能学习社会生活知识的话，他们长大后将要面临困境。所以，不要过度帮助孩子，而是让孩子自己学会求助。

● 学会求助是关键

有发育障碍的孩子，身体感觉与情感之间的关联大多都有些偏离。通常，即使焦躁不安或是哭泣，他们也不知为何身体会发生这样的变化。这种情形容易造成孩子思维混乱。

即使是成人，也会遇到各种困难。而且，成人也并不是总能完美地处理好，通常是一边失败，一边受创伤，再将经验运用到今后的生活之中。如果不具备在某种程度上客观判断状况的能力，那么，社会生活将无比艰辛。孩子在早期如果不掌握"求助"本领的话，以后成为小学生、中学生，遇到困难也依然不知如何处理。如此周而复始，会产生继发问题。幼儿期的孩子，遇到困难首先要学会呼唤妈妈，在幼儿园要学会告诉老师自己面对的困难。这些是孩子顺利前行非常重要的一步。

让孩子理解什么是"为难"

有孤独症的孩子，即使出现惊恐慌乱或紧张得身体僵直的情形，大多也不清楚自己处于困窘的状态。

不要将困难放置不管

不仅问题没有得到解决，有时还会陷入更糟糕的境地。若将困难放置不管的话，大人往往会将目光集中在孩子失败这个事实上，并阻碍下一步所要进行的努力。

培养社会能力 — 融入集体生活

对害怕集体生活的孩子，最初不要要求孩子做到与其他孩子完全相同的程度，要以让孩子学会可以在集体中生活为首要目标。

找出原因

集体生活对孩子来说负担很重

不和其他孩子玩耍

喜爱一个人玩耍，别的孩子一过来马上就躲开，热衷于自己独有的玩法。

讨厌参加活动

不参加运动会、发表会，别人的发言听不下去，活动日哭闹。

想方设法

在不勉强的前提下，发现让孩子参加活动的好方法

喜欢在同一个地方玩

用感兴趣的物品吸引别的孩子

分段参加活动

一看就会的育儿图解
帮孩子摆脱发育障碍的21项教养秘诀　幼儿篇

并不是说可以不加入集体

孩子有时仅是因为不明白做法而拒绝参加集体活动，这时，只要我们想法教给孩子正确的做法就会有所转变。但是，我们若在最初就一味强调"孩子不能参加"的话，即会失去上述可能性。只要孩子显露出不擅长的征兆，我们就应该尽早给予耐心的帮助。

不要强行让孩子参加

害怕需要社会活动能力场面的孩子，不一定非要与别的孩子一样同时学会同一种玩法。强迫孩子参加，反而会导致孩子回避与别人接触。要以孩子自愿参加为前提，先由部分做起，让孩子慢慢融入到集体中去。

孩子会逐渐集中注意力

注意力不集中/多动症的孩子，在听连环画故事与发言时，无法安静地坐在集体当中，有时会站起来走动，甚至会溜达出去。我们应该一边认同这种源自特性的某种程度的精力分散，一边在孩子注意力偏离时及时提醒，使其回归。要不厌其烦地坚持，一点一点地使孩子集中精力的时间逐渐延长。

● 从"可以在集体中生存"做起

面对初次去的地方、初次见面的人、初次接触的课题，任何人都会有些不知所措。不擅长集体生活的孩子，最初并不能像其他孩子那样能够做好很多事情。我们应该尊重孩子的发育步伐，首先从"可以在集体中生存"做起。最初尝试参加集体活动，并逐步将可以参加集体活动的时间延长，最终使其与其他的孩子一样可以完成相同的课题。

在幼儿期，若孩子"讨厌集体活动，不参加也行"的错误做法得到许可，孩子升入小学后，就会因无法参加集体行动而面临困境，甚至出现该做的功课丢在一旁的情形。孩子掌握融入到集体生活中的技能是前行的方向，让我们思考一下应该如何和孩子一起努力吧。

只要再听5分钟，好吧？

培养身体感觉 学会放松

孩子感到为难或紧张，首先应该平静下来。大人发挥影响力，帮孩子静下心来非常重要。

帮孩子缓解紧张情绪

拥抱孩子，让孩子深呼吸

甩甩手
放松地垂拉下来。

抚摸

全神贯注地……

让孩子看喜欢的、能给予感官刺激的玩具与工具

嗡嗡嗡

为让孩子从不愉快转换到快乐的情绪中，大人要先帮孩子冷静下来。

心情不悦时,身体处于紧张状态

有发育障碍的孩子,大多对身体的感觉较为薄弱,身体感觉与语言表达不能顺利地结合起来。此种情况下,最好告诉孩子,心情不悦时身体处于紧张状态,并告诉孩子怎么办才能安心平静。

● 先帮孩子平静下来

很多的时候,大人往往只会提醒惊恐状态的孩子"冷静,冷静"。这时候,正常发育的孩子往往可以自然冷静下来,但身体感觉薄弱的发育障碍孩子却无法做到,特别是当孩子过度敏感时,少许的外界刺激就容易造成孩子异常紧张。

首先,大人用"好啦,好啦"来安抚孩子,接下来教给孩子可以平静下来的方法,帮助孩子掌握自我平静的本领。

让孩子体会到紧张情绪得到缓解后的感觉,有利于加强孩子对身体的控制能力以及与人的交流能力。大人为此应该与孩子一起全力以赴地努力。

让宝宝轻轻地蹦

应用篇 放松方法实例

是吗?

将视点从讨厌的内容转移到其他的内容上,顺着孩子喜爱的话题聊天。

对敏感的孩子,将其带到安静的场所,利用安静的空间帮助孩子平静下来。

培养身体感觉 运动身体

不擅长运动的孩子，往往"自然而然"地回避运动。但是，因为运动与感觉认知的发育有极为密切的关系，所以，应鼓励孩子积极地参与运动。

第一步 找出原因

孩子很难捕捉身体的感觉，不擅长运动

- 讨厌球球。
- 不会扔球
- 哎呀！
- 踉跄
- 站不稳

第二步 想方设法

将动作分解，一点点地指导

- 成功了！
- 球球过去啦。
- 接球！

从滚动大球开始。

与大人配合做各种姿势。

让孩子感受到运动的快乐

运动成绩一目了然,"与其他孩子相比,这个孩子不行",大人往往会得出这样的结论。但是,结果并不意味着一切。参加运动会带来多种益处,例如可以调整生活节奏,学习如何与周围人交流等。因此,不拘泥行与不行的结果,让孩子意识到"身体运动很快乐"才是关键。只要与昨日相比进步了,对孩子来说就是飞跃。在上述认识基础之上,让孩子不断累积这些应该获得的喜悦。

● 不擅长运动并非因体力不足

有发育障碍的孩子大多身体感觉薄弱,不擅长同时做几件事情,由于这种特性致使动作笨拙的孩子并不鲜见。很多运动必须协调地使用身体的多个部位,控制自己与环境(球与绳子等)两方的动作,这对有发育障碍的孩子来说非常不易。

但是,因为不擅长就一味回避运动,必然会使认知功能以及身体感觉功能发挥作用的机会丧失。不要断言"这个孩子不擅长运动",然后就置之不理,只要有耐心,逐一指导,孩子就能由不会到会。大声地鞭策只会导致强迫训练的情形。爸爸妈妈与孩子一起享受运动,创造美好结局,给孩子肯定与鼓励是解决问题的关键点。

不参加集体活动

跟老师一起去。
牵着孩子的手,与大家一起跑。

应用篇 首先做全身运动

在全身运动(大运动)功能发育之后,将依照顺序向手指等精细运动逐步发育。不要在某一个特定部位集中锻炼,应该多做一些诸如走、跑、跳这样的全身运动,以期提高身体整体功能。

培养身体感觉 — 灵活用手

不灵活，在婴幼儿阶段往往被忽视。但它会成为未来生活的苦恼。我们从现在开始即给予孩子帮助吧。

找出问题

- 用不好筷子、汤匙
- 掉饭粒

破破烂烂

- 将纸张弄破
- 字体极为难看
- 用不好工具

想方设法

把袜子叠起来。

在孩子帮忙做家务的过程中，快乐地练习手指动作。

老师，我做好了！

很努力，非常好！

通过完成的功课来体验成功。

一看就会的育儿图解
帮孩子摆脱发育障碍的21项教养秘诀 幼儿篇

不擅长运动的孩子大多不灵活

以前洗手时要用手"拧"开水龙头，现在只需将手伸出去就行了。生活在变得更加便利的同时，使用手指的机会也随之减少了。即使孩子手指功能发育较弱，也不建议强制进行手指的精细训练。日常生活之中，循序渐进的努力是关键，在大运动（全身运动）功能未发育的情况下，不可能灵活使用手指。所以，建议首先增加孩子全身运动的机会。

● 用手不灵活往往被忽视

对于孩子的手部不灵活，大人往往认为随着孩子年龄的增长，这个问题自然会解决。因此，很多时候，孩子不灵活会被忽视，很难作为需要帮助的发育问题予以重视。但是，问题若放置不管的话，将会导致孩子做事失败，从而令孩子体验颇多负面情绪。为了掩饰不灵活的事实，孩子往往回避不擅长的事，或生硬地开玩笑，采取令人窘困的应对行动。这样做会造成不当行为以及自我否定情感的形成。无论是手、手指还是全身，因为动作的结果一目了然，所以失败时油然而生的挫折感很重。

做家务可以成为使用手的最好练习。让孩子从容易做的事情开始，即使进步很微小，对孩子来讲也是前进的一步。这样的累积至关重要。

应用篇

为什么总是掉东西

经常掉东西，除精力不集中外，也有可能是因为手部及手指发育迟延，难以抓住物品造成的。

就餐的时候经常掉饭，背后有各种原因，诸如手指不灵活，用不好筷子与汤匙，手与手指的发育问题，味觉问题，未学会饭桌规矩等。对于面临的问题从多个角度进行分析，尽可能地采取应对措施。

培养身体感觉 — 保持姿势

站立、就座等，一段时间内保持一种姿势在生活中非常重要。但对于难以捕捉身体感觉的孩子来说，这却是一件难事。需要我们想方设法给予帮助。

第一步　找出原因

姿势不标准源自身体特性，不要训斥孩子没礼貌

- 不用力与椅子面接触，身体就会滑落。
- 重心不稳，身体晃悠。 
- 不将膝盖抬起朝向侧面，就无法保持姿势。 

第二步　想方设法

让孩子做全身运动，帮助其锻炼全身肌肉力量。

"只坐3分钟，试试看"，从短时间开始，逐渐延长端坐的时间。

宝宝做到了，给予表扬。

保持姿势需要肌肉力量

即使是成年人，随着年龄的增长也会因肌肉力量衰退出现难以长时间保持一种姿势的情形。同理，孩子肌肉力量如果不发育到一定的程度，保持一种姿势也不是一件容易的事情。在以车代步的情况较多、需要端正坐姿的场合越来越少了的现代，正常发育的孩子姿势不标准也较为常见。平素鼓励孩子参加活动以便多运动身体，有意识地为其创造增强肌肉力量与身体能力的机会。

不要放任不管，也不要训斥孩子

孩子不仅坐在椅子上不安稳，"抱膝坐"时也一样会出现歪倒情形。所以，孩子爱将膝盖伸直、背部弯曲坐着玩沙子。该现象放任不管不行，但也不要训斥孩子。要理解发育迟延对保持姿势所带来的困难。

● "端坐不动"远比想象得难

发育障碍孩子的问题行为一般有"就餐中站起来来回走动""跑出幼儿园教室""可以坐着不动，但心神不定"等。事实上对身体感觉差以及肌肉力量薄弱的他们来说，长时间端坐是一件需要努力的不易之事。

孩子升入小学后，在课堂上端坐就是难题了。所以，在此之前要给予孩子适度的帮助。做观察记录，就会发现孩子离开座位的时间规律。能坐多久有时受气温等环境条件以及本人身体状况等影响。通过调节室温或让孩子充分休息等对策，可以使孩子保持坐姿变得相对容易。

应用篇 帮助维持坐姿的垫子

坐垫的形状

垫子与防滑垫等辅助品，可以帮助孩子保持坐姿。

使用垫子，可以让问题的解决变得容易，孩子的姿势也可由此向好的方向转变。另外，通过辅助品，帮孩子做出正确的姿势，身体功能也会加强。这样一来，即使不用靠垫，也同样可以期待孩子能够保持良好的姿势。这些应对措施在专家的指导下将会取得较好的效果。

以小步伐前行

一下子就让坐不住的孩子长时间端坐不动，这样的目标设定得过高，只会令孩子反复体验失败的滋味。应该事先搞清孩子的可忍耐度，然后逐步延长时间，让孩子不断积累积极的评价。

> **应对困窘行为**

调整偏执行为

我们应该对孩子的那些不被社会接受或阻碍其未来生活的令人困窘的个人喜好采取应对措施，并发挥孩子个人喜好的积极一面。如，一丝不苟或持之以恒的特质。

◀个人喜好偏执的应对策略▶

不想改变计划

（与大家一起练习吧。）
（讨厌！不喜欢跳舞！）

总是喜欢一成不变的日程安排，一到运动会或郊游等活动就表现得很厌烦，牢骚满腹。

对策

用孩子明白的方法，事前讲明计划

（×月×日去郊游。）
（今天的计划是……）
（快到郊游了吧？）

每天就当日的日程计划对孩子进行说明，每周、每月的活动用图表等展示出来。

一旦玩上秋千，就没有停下的意思

（总是C宝宝，该换人啦！快点！）
（笑嘻嘻）

一旦着迷，就会无视周围状况，完全听不到制止的声音。

对策

事前告诉孩子，超过第×回就换人

（数到10，就该下一位小朋友啦。）
（好的！）

事前告诉孩子游戏规则：大家一起数数，讲明数到×就停，然后换人。

用鼓励与赞扬助推孩子

患有孤独症的孩子，大多对"新事物"与"变化"怀有恐惧心理，即使非常简单的问题，也应该耐心地讲解，给予鼓励、赞扬。
- 试着引导孩子做简单、易应对的事
- 慢慢地、耐心地助推孩子的行为
- "完成"并不是目的，重在"尝试"

缠着周围人，不停地做同一件事

常常提同一个问题，寻求同一个答案，外出时无论发生了什么，都要求依照约定行事。

对策

尽早向专家咨询

如果觉察到孩子的个人偏好牵累了周围人，应尽早向专家咨询。

● 不改变，不停止，不开始

有心理发育障碍，尤其是有孤独症的孩子，由于不擅长推测他人意图或不擅长瞬间捕捉状况，他们的不安情绪容易膨胀。所以，为了回避不安情绪，孩子会采取具有特征性的个人喜好行动，即尽量不开始新事物，一旦开始的事情就不做变更，也不停止，用"保持不变"来获得安心。

训斥、禁止、强迫、要求、摒弃，只会招致不信任感的形成。所以，认知孩子行为背后的不安情绪，为孩子提供有针对的支持。

应对困窘行为

感觉过敏的对策

在别人看来根本无足轻重的刺激，对有发育障碍的孩子来说往往已是难以忍受的苦痛。想象一下，每天置身于苦痛中的生活多么艰辛！

找出原因

视觉

亮度过敏：刺眼的光亮及闪烁的荧光灯等。
颜色过敏：特定的或鲜艳的颜色。

太阳镜

听觉

声音过敏：对婴儿哭声、尖锐的声音、吸尘器等机械声音等表现出强烈的厌烦。

想方设法

将荧光灯换成白炽灯或间接照明

照相时不要使用闪光灯

根据孩子的过敏程度进行调节的太阳镜、有色玻璃等，可改善效果。

回避讨厌的声音（到老师房间去。）

用布罩上发声物品

听觉过敏的症状，因人而异，大多会随着年龄增长逐步缓解。

感觉过敏和感觉迟钝

感觉异常分为反应过于敏感或反应过于迟钝两种情形。

温度、湿度：对热、寒的忍耐力极弱或极强。
速度与摇晃：不喜欢摇晃的感觉，玩不了秋千。
疼痛：有的人因少许的皮肤刺激即痛感明显。
味觉、嗅觉：有"好像咬锡纸""不舒服"等感觉，且无法自制。

触觉

"早上好！"

愤怒

不能摸黏黏的东西，对特定的服装质地、接缝、吊牌感到不适。

不能戴讨厌的物品

● 感觉过敏，不愿表达

有发育障碍的孩子大多具有感觉过敏的特质，对别人根本不在意的声音、光亮、被触摸等刺激会感到极其不快。通过练习，在某种程度上会有所改善，但并不能轻易治愈。尽量让孩子避开刺激源，在工具等方面下功夫，即使是一点点改善，为了孩子舒适愉快地生活，也要好好努力。

有的孩子虽然感觉到了身体不舒服，但因不善于用语言或表情表达出来，造成了无法被别人感知的局面。更意外的是，很多爸爸妈妈也没能察觉到孩子的过敏特质。事实上，感觉过敏对本人来说是难以忍受的痛苦，应该给予孩子高度关注与关爱。

"突然被抚摸，会吓一跳吧？"

不要突然抚摸孩子，要先打声招呼

让孩子自己按摩，通过接受刺激练习，触觉过敏会有所改善。

应对困窘行为

惊恐、兴奋的对策

了解"惊恐、兴奋发生时该怎么办"很重要。但是，消除起因，调整环境，防止再发生更关键。

遇到讨厌的事情，暴跳如雷

想做点什么或讨厌什么的时候，常采取动手打人、冲撞人等暴力行动。

对策

带孩子去安静的场所

孩子情绪高涨时，无论训斥还是安慰，都无济于事。在平静下来之前，保证孩子远离危险即可。

动手打别的孩子

与往常的顺序不同或突然变更计划，孩子就会心神不安、大闹大哭，碰到讨厌的事会发脾气。

对策

事前制止其打人行为

"不能打小朋友。"

说"借给我好吗"。

用孩子明白的方式指导孩子怎么做才容易达到目的。

惊恐的表现形式多样

惊恐的表现形式多样化，争吵闹事并不是其全部表现。有些孩子处于惊恐状态时，身体僵直、完全无法移动，失去言语表达能力，对任何提问只是一味地缄口不言。这往往被视为任性、顽固，但实际上这是惊恐的表现。家长应对这种情况有所认知与理解。

很难抑制兴奋的状态

咬自己

一做喜爱的运动就过度兴奋，无法停止，或难以控制地笑个不停。

对策

事先准备好静心物品

小熊说，你没关系吗？小熊在担心你呢。

● 设法避免引起惊恐、兴奋

情绪控制力弱的孩子，在困窘或结果非己所望时，无法妥当地处理自我心绪，会表现得很愤怒。高兴愉快至极也会使孩子出现持续兴奋的状态。

一旦惊恐、兴奋状态到达顶点，孩子不仅无视现场的情况，而且情绪还将越发混乱。惊恐、兴奋发生时，应该带孩子到安静的地方冷静下来。安静下来的方式因人而异，如果有能让孩子安静下来的物品等，可以事先带在身边。

另外，找出引起惊恐、兴奋的原因极为重要。为了谨防此类状况再发生，要下功夫找出对策。

为了让孩子冷静下来，带孩子去别的房间。在房间一角创造一个刺激较少的回避空间，再给孩子一个可以拿着就感到安心的物品。

应对困窘行为：注意力不集中的对策

有的孩子因外界刺激（翻纸的声音或人群的嘈杂声等）而分散注意力。这时，请考虑环境因素，在孩子注意力分散时提醒其回归正题。

找出原因

不能适度集中注意力或控制情绪

- 收拾与准备时间过长
- 不听吩咐与指令
- 玩弄手指尖
- 东张西望窃窃私语

想方设法

帮助孩子找出集中注意力的好方法

"A宝宝，把蜡笔给老师。"
"知道啦！"
"大家看这边。"
"好好听讲吧。"

一次就做一件事 ➤ 用绘画卡片，以简短言语明示

- 便当
- 为明天做准备

一看就会的育儿图解
帮孩子摆脱发育障碍的21项教养秘诀　幼儿篇

要多提"怎么办"的建议

"我希望你不要××",经常会听到作为指导者的大人这么说。在现实中,不要只想着减少困窘的行动,一味地强调"不要怎样",而要多提出"怎么办"的建议。以"希望看到的行为"来替换"不要××"。

● 讲明要点,反复提醒

有发育障碍的孩子通常对周围的刺激只给予部分关注,注意力不集中的行为比较明显。这些孩子不擅长根据周围情况进行判断,表现为表面上看起来已经明白了,实际上并没有理解爸爸妈妈或老师所力图教授的要点。对于难以掌握对方意图的他们来说,适度集中注意力是一件不易之事。

但是,这并不意味着这些孩子不明白"听人讲话""遵守约定"的重要性。所以,应尽量创造安静的环境。

以简短的形式,确认每一个适宜行为,对于必须做的要点进行易懂的提示,将精力集中在应该集中的事物上,反复地确认。这就是家长的基本应对方针。

应用篇 想方设法帮孩子遵守约定

"不要违反约定",无论怎样提醒,结果孩子还是不能做到。这是因为说过的话没有留下痕迹,难以记在孩子的脑子里。要将约定写下来或画出来,想方设法帮助孩子遵守约定。

游戏拓展与学习基础建立

理解游戏规则

自由游戏如果不加以引导，会让孩子形成诸多错误经验与认识。要告诉孩子游戏的方法与规则，摒弃以强制手段让孩子接受规则的做法。

游戏中显现的特质

喜欢一个人玩耍或不明白游戏的规则

- 我不喜欢木头人哟
- 拍你一下，B宝宝是木头人哟。
- 很难明白游戏规则
- 不是第一就不行！
- 一定要赢
- 着迷于感觉游戏

逐步拓展游戏种类

以适合孩子的方法在规则中让孩子享受快乐

对孩子经过努力做成的事情给予肯定

D宝宝非常努力，老师很高兴啊。

被拍到的人变成木头人。

变了哟

轮流当木头人，对吧？拍一下就行。

拍一下朋友就行哟。

将规则用绘画方法进行解释

一看就会的育儿图解
帮孩子摆脱发育障碍的21项教养秘诀　幼儿篇

在集体中就可以了吗

初看，孩子好像是在集体中玩耍，实际上孩子完全是按其他小朋友的吩咐做事，或因不能理解游戏内容而滥竽充数。应该摒弃不惹麻烦就行的想法，对孩子多加观察，看孩子是否在享受玩耍或拓展了游戏能力。

自由游戏有时会使孩子形成错误认识

游戏中存在着宛如社会缩影的规则，如果不告诉孩子的话，他们不会自然习得。为了防止孩子形成诸如"讨厌的话不做也行""必须永远第一"等错误认识，大人要耐心地参与其中。

首先让孩子与小朋友在同一个空间内玩耍

↓

待孩子习惯后，大人慢慢地参与其中

● 让孩子体会到共同游戏的快乐

有孤独症的孩子喜爱参与已掌握的游戏以及感觉充满自我刺激的内容，所以，他们的游戏种类有限，要在大人的参与下进行拓展。

不过，一味地强迫发育障碍孩子与其他的小朋友以相同的步伐做相同的游戏，并非上策。首先我们应以让孩子习惯同伴和场所为目标，创造好的环境。待孩子熟悉了之后，大人再参与游戏，在孩子感兴趣的部分，将规则稍做改动，这样既满足孩子的享受与快乐，同时大人也可同孩子一起欢度时光。通过喜爱的游戏建立起快乐、和谐关系，孩子的交流能力也不断提升。

应用篇 从可以安心地一个人玩耍开始

处在可以安心的环境里，孩子才会想与其他小朋友一起玩耍。安心地做喜爱的游戏是最初的一步。在孩子对人与场所习惯后，幼儿园老师再逐步融入。经过下面几个阶段，孩子就可以做有规则的游戏了。

一个人玩→与可信赖的大人玩→与可信赖的大人一起和其他小朋友玩→与其他小朋友一起玩有规则的游戏

游戏拓展与学习基础建立：对声音的捕捉

正确识别声音是记忆语言的基础之一。让孩子通过语言游戏来掌握语言学习的基本能力吧。

发出有含义的声音要经过几个阶段

- 声音作为听觉刺激传入
- 将注意力转向声音
- 理解声音的含义
- 拥有希望表达自我情感的意愿
- 以语言的形式表达意愿
- 发出拥有含义的声音

骆驼 Luò Tuó

不要以"教"的姿态自居，而要"一起愉快地交流"

语言游戏

- 骆驼反着说是什么？ — 倒着说词
- 骆驼！鸵鸟！ — 词语接龙
- 没有遵守约定的猴子…… — 听连环画故事
- 骆○ ○里的字是什么？ — 语言游戏

一看就会的育儿图解
帮孩子摆脱发育障碍的21项教养秘诀　幼儿篇

语言发展的阶段

一旦孩子语言迟延就会引起大人的担心。实际上，语言发展分为几个阶段，也存在个人差异。了解了孩子属于哪个发展阶段的问题时，下一步的课题也就清晰可见了。

● 咿咿呀呀声（未形成语言）→寒暄语（打招呼等）→单词→鹦鹉学舌→两个词的句子→三个词的句子

音素与韵律

音节是语音中最小的结构单元。语言具有诸如"音的长度""音的强度""音的节奏""音的高度"这样的韵律特征。以不同的语气说话，话的意思也会有所不同。

● 搞清孩子是否有识别声音的能力

人在出生之后，通过捕捉外界的声音完成大脑的发育，也随之具备了说话的能力。对于音的觉察，作为记忆词汇的前提之一，这时要受到高度重视。例如，"骆驼"这个词，由"Luò""Tuó"两个音组成。如果孩子识别音的能力较差的话，就会导致难以掌握文字的结果，如此下去，阅读与书写两方面都有可能陷入困境。孩子是否能够识别声音，家长可以通过倒着说或词语接龙这些游戏来确认。想法让孩子一边享受快乐，一边记忆语言。

表达语言与理解语言的能力不平衡

初看，有发育障碍的孩子会说很多词汇，实际上，他们往往并不理解词汇的真正含义。另外，即使理解了词汇的含义，又因不擅长交流，时而出现闭口不言的情形。辨清孩子属于哪个语言发育阶段，面临什么样的难题是关键。

应用篇

在交流中学语言

从早上起床、更衣、进餐、玩耍直至就寝，在与大人生活的过程中，孩子通过表达自我意愿、反复接受大人的影响，逐渐掌握语言。大人不要单方面一味地教授，而要利用绘画、孩子喜爱的物品等来实现互动，让孩子体会互动带来的喜悦。这点应该牢记在心。

游戏拓展与学习基础建立

数与量

数字这种抽象概念，对有发育障碍的孩子来说是一个困难的领域，周围的大人要对此有所认知，并耐心地加以指导。

认知失衡

视觉、听觉认知失衡的孩子，难以理解数字概念

无法感知某数的量到底是多少

5

以5为基准量，无法感知10到底是多少。

在孩子脑海中，数词与相对应的图无法匹配

一　1　○
二　2　○○
三　3　○○○

生活中培养

以孩子易懂的方式，让孩子在生活场景中数一数

"一个人，一个！"

与物对应起来数一数

作为集合体掌握数字

比较大小

比较长度、高度。

两只就是一双。

"对，书写的话，三个就是"3"。"

"三个"

让数量与数词相对应

78 一看就会的育儿图解
帮孩子摆脱发育障碍的21项教养秘诀　幼儿篇

搞清孩子的认知特性

为了理解数字，进行计算，大脑要处理各种信息。由于认知失衡，有发育障碍的孩子陷入困境、无法前行的情形随时可见。不过，困难与所需的帮助因人而异，有些孩子用眼睛看更易明白，而有些孩子用耳朵听记起来更容易。

从物体的"量"到抽象的"数"

孩子如果已经可以比较视觉上容易勾勒的物品的量，接下来可将一组中的一个作为个体，逐一掌握数量。

置换成弹球

狮子 ○1　老鼠 ○3
老鼠多

数与量替换的窍门

喜欢多少给多少。
5个多！
2
5
哇！

● 孩子勾勒抽象概念的能力较弱

数字是抽象概念。在脑海中掌握数字，对于勾勒抽象概念能力较弱的孩子来说，不是一件易事，会导致孩子在算数方面出现挫折。孩子如果连最低限度算术都不能理解的话，今后生活无疑会面临困难。通过有效地利用像电视频道、电梯楼层、准备餐具等遍布生活各个场景的数字，使孩子在快乐中掌握认知数字的能力，这大概就是您所期待的吧。

即使说不擅长，但并不意味着将来一直都不行。只要抓住窍门，孩子自身的理解力会有所提高。在学习方面，不要让孩子产生不擅长的自我否定认识。如何找到"这种方法对我的孩子来说最容易理解"的方法，并对孩子加以指导，是周围大人的课题。

应用篇

基数与序数

数数的时候，有两种方法：一种是基于总和意识的总和法（基数），另一种是基于顺序的顺序法（序数）。哪种方法易懂，还要依孩子个人特质进行探寻。

基数　3只老鼠
1　2　3
序数　第3只老鼠

游戏拓展与学习基础建立

绘画与手工

绘画与手工不仅是各类知识与技能习得的基础，而且还可以培养孩子丰富的自我表现能力。

找出原因

将画画得杂乱无章，不能专心手工制作

- 不知道步骤
- 多动
- 不灵活

想方设法

千方百计地帮孩子快快乐乐地参与其中

做容易完成的事
事先画好外缘引导线，让孩子描摹涂色。

眼与手相结合
描摹迷宫图。

用具上的窍门
采用容易握住、粗一点的用具。 

采用孩子喜爱的用具

大人握着孩子的手一起画

"宝宝画了一个好漂亮的圆圈啊"

给孩子具体的指导

对那些不愿意参与绘画活动的孩子说"画什么都行"也无济于事，因为他们无法勾勒出抽象的事物。如果没有像"将颜色涂到这条线"这样的指导，孩子就无从知晓该怎么画，思维也会处于混乱状态。因此，对于有发育障碍的孩子，要给予尽可能具体的指导。

● 在快乐中拓展孩子的表现力

绘画、手工等创作活动与身心发展、手的功能完善、图像勾勒、思想表达能力密切相关。从怀有绘画的意愿开始，然后勾勒描绘的图像。眼睛与手可以相互配合、手与眼可以自如移动的时候，孩子可以先尝试点与线的"草图"，然后逐步向勾勒图案或人物发展。孩子在参与创作活动的过程中，接触到了丰富多彩的素材、拓展了表现力，这些都有益于认知与情感的完善。最初，孩子虽然被告知可以随意而为，但他们往往无法一下子自然地明白随意而为的含义。对于不知道做法的孩子，大人应该告知他们简明易懂的步骤，或和他们一起参与活动，做出示范。只有这样才能有效地给予孩子帮助，才会使他们兴趣盎然，让孩子在快乐中拓展表达能力。

眼睛的功能与手的动作不协调

设计造型往往要求手与眼睛协调呼应、移动自如。但是，如果孩子欠缺这样的能力的话，画画时就不能画好。另外，把持物品的力量较弱、手腕活动不灵活、勾勒描绘对象的能力较弱等各种发育问题，也是造成孩子画不好的因素。

应用篇　挑战绘画日记

勾勒日常的事情

8月1日
早上起床后向日葵开了

文字可以由爸爸妈妈来写

写的时候，稍轻一点，以便孩子在上面描摹爸爸妈妈的字。

喜爱画画的孩子，或许以后掌握文字也比较顺利。稍大一点后，孩子可以利用暑假等假期试着挑战记绘画日记。

写绘画日记，可以培养孩子回忆过往、勾勒图像的能力。如果孩子不擅长画画儿，也可以用相机拍摄的照片做一个"我的相册"，这也是个不错的办法。

入学前准备 迎接小学生活

幼儿园、保育院的生活与小学的生活截然不同。我们应该帮孩子做好向升学阶段过渡的准备工作，以防将来孩子在前行的路上遭遇挫折。

● 迎接校园生活

一旦升入小学，孩子的生活开始受时间表与一些规则的制约。并且孩子进入对自己物品全部自我管理的阶段。有发育障碍的孩子基于冲动性、多动性、注意力不集中、情感理解困难、无法解读所处状况、偏执于个人喜好等特性，在与以往迥异的集体生活中，受挫的情况会有所增加。为了让孩子可以顺利地开始小学生活，始于幼儿期的准备工作极为关键。大人要站在长期的角度上，持之以恒地帮助孩子前行。

不能遵守集体规则就容易遭受挫折与责备，甚至在班级中受到排挤。这样一来，孩子融入集体的意愿也会随之降低。有些孩子表面上看似没什么问题，实际上却是勉为其难。周围大

小学校园生活要求做到的事情

● **生活习惯**
形成在上学前1小时起床的习惯。留出充足时间来慢慢享用早饭。

● **更衣**
在短时间内快速穿衣。

● **携带物品的管理**
工具箱等自己的物品自己管理，平日自己收拾，并努力找出好方法。

● **卫生间**
小学的卫生间和幼儿园的有区别，在公共设施等地方事先进行练习，包括男孩子使用小便池的方法。

● **午餐**
午餐的种类多种多样，要习惯食用各种食材。午餐时间稍短。

● **端坐在椅子上静听**
在固定时间做持续端坐在椅子上的练习。

● **按照时间表活动**
平日培养分时间段活动的习惯。

如何为孩子择校

对于择校这个问题，没有适合所有孩子的唯一答案。学校不同，指导方针也不同，受家庭条件以及地区援助资源等因素的影响，对待孩子择校的问题迥异。但无论怎样，为了选择孩子可以安心学习的环境，应该基于现实做务实的考虑。思考孩子需要什么样的帮助，耐心参与才是根本。

人要给予孩子高度的关注与精心的关爱。小学生活中如果没有肯定信念的支撑，孩子就会认为"反正自己做什么都不行"，从而不断降低自我评价，陷入恶性循环。孩子以此状态进入青春期后，问题就会日趋严重，有些孩子甚至会并发抑郁症等继发精神问题，出现拒绝上学、闭门不出、自伤、摄食障碍或暴力倾向等情形。

● 为了孩子的美好未来

为了把孩子培养成可以自立的人，让孩子建立"遇到困难向周围寻求帮助就会顺利走下去"的自信极为关键。从幼儿期开始，让孩子不断累积像"大家都很喜欢我""我虚心请教，就能学会很多东西"这样的肯定与赞许，是一件极其重要的事情。在开拓未来之路上，为了孩子可以拥有美好的未来，让我们在谨记"日积月累"这个基础上，给孩子持之以恒的帮助吧。

应用篇

如何度过暑假

即使是长假，也不要打乱孩子平常的生活节奏。在暑假，哪怕是几分钟，让孩子坐在桌子前，专心致力于记绘画日记也很好。当然，带孩子看电影，顺便进行一下聚精会神坐着、长时间观看的练习也是不错的选择。假期里，大人每天参与育儿的时间与日俱增，避免努力过度很重要。

在育儿的细节上下功夫

1. A宝宝,最近往外跑的情形变少了。
小音量　离音乐稍远的地方

2. 虽然时常出现惊恐,但在老师的房间里平静一下就好。

3. 在家吃饭的时候,我们也提醒宝宝坐好了吃。
我们想方设法让宝宝不挑食,什么都吃。

4. 可以吃胡萝卜?
对呀。

以前B宝宝吃饭时总是犯困、磨磨蹭蹭的，现在可以好好吃饭了。 我家将吃饭时间稍微提前了。	宝宝有些节奏紊乱吧？ 早点咨询，真好！
好喜欢收拾！ 我家C宝宝虽然老实，但不灵活。让宝宝一起参与收拾、做家务后，现在开朗多了。	星期天让爸爸带你去玩，好吗？

即使遇到不擅长的事情，孩子在掌握了可以顺利完成的方法之后，就可以逐步从不会到会了。为了让孩子将来能幸福地生活，父母在育儿的细节上要好好下功夫。

9

今天，老师也一起玩．

在幼儿园，与其他孩子一起玩耍的情形逐渐增加。

10

这样好像更容易看懂，对吧？

事先将安排明示并告知宝宝，D宝宝生气的情况减少了。

11

- 将书包挂起来
- 脱下罩衫
- 洗手
- 看电视
- 就餐

在家里，我们也将每天的安排写在纸上给宝宝看。

12

嗯！

这样的话，D宝宝对新事物的抵触小了。暑假，宝宝在电影院也做到了全神贯注。

大家下了很大的功夫啊。在幼儿期，首先应该与宝宝一起做些快乐的事情。
幼儿园毕业了，但对宝宝的指导工作并未结束。
希望建立了良好的亲子关系的父母，
思考一下宝宝接下来需要什么，这是很重要的。
希望大家在小学快乐地学习。
我们会好好下功夫，让宝宝学会更多的东西。